O PODER
(TRANSFORMADOR)
DO GRUPO

**O papel do grupo no desenvolvimento
pessoal e organizacional**

O PODER
(TRANSFORMADOR)
DO GRUPO

O papel do grupo no desenvolvimento pessoal e organizacional

Antonio Prado - Carmen Nigro
Iraceles Pires - Isabel Franchon - Marcel Ferrada
Noscilene Santos - Sandra Pereira
Vera Cecilia Motta Pereira

Coordenação: Elisa Prospero

1ª edição / Porto Alegre-RS / 2024

Capa e projeto gráfico: Marco Cena
Revisão: Simone Borges
Produção editorial: Maitê Cena e Bruna Dali
Produção gráfica: André Luis Alt

Dados Internacionais de Catalogação na Publicação (CIP)

P896p   Prado, Antonio
       O poder (transformador) do grupo : o papel do grupo no
desenvolvimento pessoal e organizacional. / Antonio Prado... [et
al. ; Organizadora: Elisa Prospero. - Porto Alegre: BesouroBox,
2024.
       192 p. ; 14 x 21 cm

       ISBN: 978-85-5527-142-7

       1. Recursos humanos. 2. Grupos – desenvolvimento pessoal.
3. Grupos – desenvolvimento organizacional. I. Título. II. Nigro,
Carmen. III. Pires, Iraceles. IV. Franchon, Isabel. V. Ferrada,
Marcel. VI. Santos, Noscilene. VII. Pereira, Sandra. VIII. Pereira,
Vera Cecilia Motta. IX. Prospero, Elisa.

CDU 658.3

Bibliotecária responsável Kátia Rosi Possobon CRB10/1782

Todos os direitos desta edição reservados a
Edições BesouroBox Ltda.
Rua Brito Peixoto, 224 - CEP: 91030-400
Passo D'Areia - Porto Alegre - RS
Fone: (51) 3337.5620
www.besourobox.com.br

Impresso no Brasil
Maio de 2024.

Agradecimentos

*Aos participantes do Grupo de Excelência
em Coaching e Mentoring (GEC), do
Conselho Regional de Administração de
São Paulo (CRA-SP), e em especial ao seu
fundador Paulo Roberto Pereira da Costa.*

*Ao Conselho Regional de Administração de
São Paulo (CRA-SP).*

*Aos colegas da área de Desenvolvimento
Humano e Organizacional e aos nossos clientes
pela confiança e incentivo em continuarmos na
seriedade e busca de melhores alternativas para
ambientes cada vez mais saudáveis e sustentáveis
para todos.*

Sumário

PREFÁCIOS
Alberto Whitaker 9
Pedro Panos Moradian 11
Gustavo G. Boog 13

INTRODUÇÃO 17

**DIFERENÇAS E/OU
SIMILARIDADES ENTRE GRUPOS E TIMES**
Iraceles Pires 23

**COACHING EM GRUPO – CONECTANDO
ANDRAGOGIA E INTELIGÊNCIA COLETIVA**
Sandra Maria de Sousa Pereira 41

GRUPO – UMA RELAÇÃO SENSÍVEL
Noscilene Santos 57

INCLUSÃO, CONTROLE E AFETO
Antonio Prado 73

INTEGRANDO OS SENTIMENTOS
E ACOLHENDO A SOMBRA
Elisa Prospero 91

"LUZ – FOCO – COACHING EM GRUPO"
COACHING EM GRUPO:
A ABORDAGEM DO PSICODRAMA
Vera Cecilia Motta Pereira 107

GRUPOS DE ENCONTRO,
DE CARL ROGERS
Carmen Nigro 123

EDUCAÇÃO: UM CAMPO
DE ATUAÇÃO DO COACH
Marcel Ferrada... 147

COACHING EM GRUPO: HOLÍSTICO,
SISTÊMICO, INTEGRAL
Isabel C. Franchon 165

Coaching em grupo:
tecendo a teia em tempos complexos............................ 185

Colaboradores 188

Prefácio

A prática do coaching, infelizmente nem sempre entendida ou divulgada de maneira correta pelas pessoas hoje em dia, traz inúmeros benefícios aos profissionais. É inquestionável o seu papel na orientação e no fomento ao autoconhecimento humano, questão que sempre foi importante, mas que é indispensável nos dias de hoje, diante de tantas mudanças sociais. Ao escrever este livro sobre a prática dentro dos times, o Grupo de Excelência em Coaching, que integra o Centro do Conhecimento do CRA-SP, nos apresenta cenários diversos, complementares e fundamentais para entendermos o senso coletivo, especialmente dentro das organizações. Atualmente, o mercado de trabalho concentra o maior número de gerações trabalhando juntas. São profissionais com vivências, interesses e objetivos diversos, mas que atuam juntos para atingir um objetivo organizacional único e que precisam desenvolver ou aprimorar questões como empatia, compreensão e coragem para enfrentar os desafios que surgem. É aí, inclusive, que o trabalho de coaching em grupo tem muito a contribuir para que toda essa diversidade (extremamente necessária, por sinal) seja convertida mais em resultados positivos do que em choques geracionais.

Embora o foco do coaching em grupo seja algo relativamente novo, os ensinamentos compartilhados neste livro, no entanto, são para mim e para todos aqueles que têm o privilégio de acompanhar o Grupo de Coaching, um adendo para discussões sempre em evidência. Desde 2007, quando foi fundado, o Grupo compartilha com os estudantes e profissionais de Administração conteúdos valiosos, por meio de eventos e projetos que são um diferencial para quem participa, como é o caso, por exemplo, do Programa de Coaching para Jovens Administradores, que já colaborou para o desenvolvimento de inúmeros profissionais ligados ao Conselho.

O trabalho realizado pelos membros que hoje assinam esta obra, e que é importante dizer, é totalmente voluntário dentro do CRA-SP, demonstra o comprometimento de todos não só com a classe dos profissionais de Administração, mas com a sociedade de modo geral. Extremamente ativos, capacitados e preocupados com o conhecimento humano sobre si e sobre o outro, posso dizer que os autores são profissionais extremamente dedicados e cientes do seu papel colaborativo em uma sociedade em profunda transformação.

Por conhecer o trabalho destes profissionais e entender o impacto da prática de coaching não só nas pessoas e nas organizações, mas na sociedade de uma maneira geral, sei que este livro é uma importante ferramenta para todos aqueles que desejam, de fato, entender o seu papel junto à coletividade.

Em um tempo no qual falamos tanto sobre sustentabilidade e colaboração, é um alento saber que profissionais tão próximos do CRA-SP trabalham com tanto empenho por uma sociedade melhor.

Boa leitura.
Adm. Alberto Whitaker
Presidente do CRA-SP

Prefácio

Na era em que a tecnologia exerce uma influência crescente sobre as grandes transformações da humanidade, os temas relacionados ao desenvolvimento humano, individual e em grupo, ganham uma relevância cada vez maior na vida das pessoas, profissionais e organizações, o que ratifica a importância do tema abordado nesta obra.

Tive o privilégio de integrar o Grupo de Excelência em Coaching e Mentoring (GEC), um dos grupos de conhecimento do Conselho Regional de Administração de São Paulo (CRA-SP), que atua desde 2007. Composto por profissionais de variadas formações, todos com reconhecida experiência em suas áreas, o GEC compartilha o interesse comum de elevar a relevância e seriedade das metodologias de coaching e mentoring.

Dentre os vários temas explorados no grupo, uma discussão memorável surgiu durante uma de nossas reuniões, quando abordamos a aplicação do coaching a grupos. Naquela época, essa ideia representava uma abordagem contraintuitiva, pois o coaching era tradicionalmente concebido como um processo voltado para atendimentos individuais. O resultado das discussões, permeado por debates acalorados, foi o surgimento de uma multiplicidade de perspectivas, desde a redefinição do próprio conceito de coaching até as diversas caracterizações de grupos, times e equipes. Diante desse desafio, decidimos amadurecer um conceito que refletisse nossa visão sobre o coaching em grupo, mesmo sem ter, na ocasião, clareza sobre como fundamentar e avançar no tema.

Conhecendo a competência dos profissionais que compõem o GEC, a expectativa não poderia ser outra. Eles tomaram a iniciativa de se aprofundar no assunto por meio de uma pesquisa abrangente, embasada em autores de referência, integrando suas experiências e práticas profissionais. O resultado foi um conjunto diversificado de perspectivas, sem a preocupação de convergir para uma conclusão unívoca.

Os temas abordados incluíram as distinções entre grupos, times e equipes, explorando tópicos como liderança, desenvolvimento interpessoal e de equipe, escuta atenta, inclusão, controle e afeto. Aspectos da andragogia e psicodrama relacionados ao coaching, assim como ferramentas em ambientes grupais, foram minuciosamente examinados e discutidos pelos autores, evidenciando suas distintas visões.

O resultado desse esforço agora se torna uma contribuição valiosa não apenas para o GEC, mas também para você, leitor. Ao ter acesso a diversas perspectivas sobre os temas mencionados, você se depara com uma riqueza de possibilidades que poderão ser extremamente úteis no entendimento e na aplicação contextualizada dos processos e coaching em grupo.

Quero expressar meus parabéns a Elisa Prospero pela organização e coordenação deste trabalho, assim como ao dedicado time de profissionais que, de maneira voluntária, se aprofundaram e contribuíram significativamente para este tema instigante.

Pedro Panos Moradian

(Keep Moving Desenvolvimento Profissional – Negócios, Gestão e Pessoas. Coordenador do Grupo de Excelência em Coaching e Mentoring (GEC), do Conselho Regional de Administração de São Paulo (CRA-SP), de dezembro de 2017 a fevereiro de 2022.)

Prefácio

Esta é uma obra que equilibra o individual com o coletivo, que integra nove competentes coaches, abordando aspectos teóricos e práticos, conjugando conceitos e casos reais, apresentando com leveza e precisão temas como as diferenças entre os diversos tipos de coaching, o psicodrama no coaching, as ligações do coaching com temas gerenciais como a liderança, as dimensões emocionais do desenvolvimento interpessoal e de equipe, com inclusão, controle e afeto. As ferramentas para o coaching em grupo, a interação no mundo adulto com os recursos da andragogia e a escuta atenta e profunda são aspectos abordados no livro.

Os autores de cada capítulo definiram em conjunto a estrutura do livro e apoiaram-se mutuamente, num intenso processo de trocas e revisões que enriqueceram seu conteúdo, o que com certeza será muito benéfico aos leitores. Aliando uma sólida formação acadêmica, vivências profissionais e excelência em coaching, eles oferecem o que há de melhor no coaching em grupo. Este livro ajuda os grupos que querem fazer coaching a tomar suas decisões; ajuda profissionais a bem conduzirem projetos de coaching; e traz às organizações e à comunidade o que há de melhor nessa área.

As diversas etapas do coaching, suas ferramentas de apoio, a conduta do coach, o ambiente físico, o "contrato" para o coaching em grupo constituem-se em recomendações preciosas para quem conduz e para quem usufrui do coaching. O livro pode ser lido apenas nas partes que interessem mais ao leitor numa situação específica, ou pode ser lido sequencialmente, quando ficarão mais claras e integradas as conexões entre os temas que o compõem.

O coaching é um tema muito atual e tem sido utilizado muitas vezes de forma inadequada e equivocada em quase todas as áreas de atuação humana. Este livro mostra como ser excelente no processo de coaching em grupo. A modalidade grupal, apesar de menos conhecida que o coaching individual, é uma possibilidade extremamente interessante, principalmente no contexto das empresas. O espírito de equipe, o desempenho, o clima motivacional, o atingimento de metas são muito beneficiados com o coaching de grupo.

O coaching é um recurso poderoso para o desenvolvimento das pessoas, dos grupos e das organizações. É uma jornada corajosa de desenvolvimento. A qualidade da coragem é fundamental ao processo, pois aspectos fáceis e luminosos de um grupo serão abordados, assim como lados mais difíceis e sombrios virão à tona e precisarão ser encarados e resolvidos, para que a eficácia do grupo se manifeste em sua plenitude.

Na troca de informações, experiências e conhecimentos que o coaching de grupo proporciona, há um benéfico intercâmbio entre os profissionais mais jovens, que se beneficiam das vivências dos mais maduros, assim como os mais experientes podem se beneficiar com ideias e abordagens novas que os jovens trazem. É uma intensa relação ganha-ganha. As lideranças das organizações também ganham com esse processo, na medida em que os próprios grupos geram soluções adequadas, com menos estresse e sobrecarga. Na medida em que o processo gera ganhos, sem dúvida os clientes, os acionistas e a sociedade como um todo ganham.

A estruturação que vemos em tantas organizações conduz a comportamentos do tipo *"cada um faz sua parte"*, o que leva a uma visão fragmentada do processo, e muitas vezes o resultado final não é atingido. Com isso perdem os integrantes da organização, que se debatem em divergências intermináveis, perdem os clientes e usuários daquele produto ou serviço, por não serem atendidos em suas expectativas. Perde-se o encantamento e a fidelidade dos clientes, o que leva a perdas de produtividade e lucratividade. A necessidade de integração dentro de cada equipe e entre equipes é algo mandatório. O coaching em grupo apoia a resolução das dificuldades.

O coaching de grupo trata do coletivo: qual o papel de nosso grupo na organização? Estamos exercendo bem esse papel? Onde temos dificuldades? Onde temos sucessos alcançados? Como está nossa motivação? Como lidamos com as divergências que ocorrem? Como nos relacionamos com outros grupos? E outras tantas situações que demandam o apoio do coaching em grupo.

Convido o leitor agora a navegar neste precioso livro e usufruir dos ensinamentos que ele contém. Desejo uma boa viagem.

Gustavo G. Boog
(Coach, mentor, escritor e consultor na Boog Consultoria.
Engenheiro, Mestre em Administração de Empresas, acadêmico de
Psicologia e especializado em Mentoria e Coaching Sistêmico. Conduz
projetos de desenvolvimento para que o potencial de cada pessoa possa
se realizar, sejam jovens, adultos ou idosos. Foi membro do Grupo de
Excelência em Coaching e Mentoring (GEC), do Conselho Regio-
nal de Administração de São Paulo (CRA-SP), e coordenador das
atividades da longevidade do Instituto Práxis. É escritor de mais de
vinte livros e e-books sobre desenvolvimento pessoal e organizacional.
Contatos: + 55 (11) 99137-7691, gustavo@boog.com.br)

INTRODUÇÃO

Caros leitores, por que falar de grupos?

No ambiente de trabalho, há um crescente aumento de interesse e valorização dos grupos, traduzido pelo trabalho em equipe, importante para a motivação e geração de soluções inovadoras e sustentáveis.

Este livro é um espaço de reflexão sobre os grupos, como se transformam em times engajados e nas suas diferentes configurações, contexto e finalidades.

Percebemos um mundo com muitas mudanças de valores tanto "do individual" quanto "do coletivo", onde o poder econômico, a felicidade aparente e o hedonismo surgem como conduta.

A vida deixou de ter um valor único e interior, passando a ser exercido através da exposição social e não da realidade vivenciada, que é subjetivada, tornando as pessoas sem propósito.

Nunca na história a solidão pertenceu a tantos. Nesse aspecto, a Internet e as mídias sociais vieram preencher um espaço na vida contemporânea, mas se criou outra questão:

uma nova forma de solidão e relacionamento no domínio digital – impessoal e frio – moldando um novo *modus operandi* de comportamento social.

Como podemos contribuir
para esta transformação cultural?
Que motivação nos levou a este livro?

Somos pessoas diversas, que a sincronicidade do caminho reuniu.

Há dezesseis anos, a necessidade, junto ao Conselho Regional de Administração de São Paulo (CRA-SP), de consolidar um tratamento de atenção e ajuda a administradores em organizações globais resultou na iniciativa, com Paulo Roberto Pereira da Costa, de fundar o Grupo de Estudos de Excelência em Coaching e Mentoring (GEC).

Assim, iniciamos como coaches e mentores profissionais, oriundos de diversas áreas, principalmente de Relações Humanas em grandes corporações, reunidos num grupo de estudos sobre coaching e mentoring, sob a tutela do CRA-SP.

Somos um grupo debruçado sobre as nuances do funcionamento de grupos, no exercício de nos reconhecermos e reconhecer os mecanismos influenciadores da nossa ação. E mais, somos um grupo que atende grupos de coaching, formados aleatoriamente pela instituição que nos abriga e que congrega os administradores no Estado de São Paulo.

É esse exercício de permanentemente transitar entre grupos que nos leva a buscar reconhecer nos outros e em nós os aspectos que nos transcendem: reconhecer e extrapolar e colocar em ação. Numa prática contínua de aprimoramento, humanidades e sustentabilidade.

Sobre os autores e suas narrativas

Iniciamos com Iraceles Pires sobre a distinção entre grupos e times em sua narrativa, na qual a reflexão converge para os atributos e características de cada um. Importante reflexão sobre como o coach pode intervir com eficácia e favorecer o amadurecimento dos grupos e times no ambiente corporativo.

Ao abordar, em seu artigo, o coaching em grupo e sua relação com andragogia e inteligência coletiva, Sandra Pereira reflete sobre a importância do coaching em grupo, pois é no grupo que aprendemos a nos relacionar, comunicar e expressar quem somos. O ser humano é fundamentalmente relacional, sendo que a experiência humana ocorre sempre em grupos, sejam eles familiares, políticos, religiosos ou de trabalho. É na relação dos grupos que temos a possibilidade de aprender, aperfeiçoar, gerar soluções criativas e colaborativas.

Em seu artigo, Noscilene Santos afirma que grupo pressupõe uma relação sensível, porque reúne pessoas com diferentes comportamentos, crenças e valores. Nesse sentido, o processo de desenvolvimento interpessoal de um grupo requer tempo, esforço e muito cuidado por parte de quem o conduz ou lidera, visando entender e resolver os conflitos que poderão emergir nas interações entre os participantes, transformando inquietações em aprendizagem. Para tanto, é essencial a aplicação de feedback construtivo, assim como pôr atenção na comunicação verbal e não verbal, para que o grupo possa construir um ambiente seguro e colaborativo.

Antonio Prado nos contempla com o artigo *Inclusão, controle e afeto*, cujo objetivo é compreender esses conceitos de Will Shutz, psicólogo americano, no desenvolvimento de grupos sociais e sua aplicação na prática dos trabalhos em grupo e em processos de coaching.

No artigo *integrando os sentimentos e acolhendo a sombra*, Elisa Prospero contribui com a compreensão de como o inconsciente coletivo, conceituando Carl Jung, pode minar as forças individuais e do grupo no exercício de suas atribuições cotidianas. Amplia a compreensão sobre como o coaching em grupo pode ajudar na expansão da consciência das pessoas envolvidas e contribuir para respostas mais amadurecidas e em consonância com o contexto organizacional.

No capítulo de Vera Cecilia, ganhamos a clareza sobre como o psicodrama, de Jacob Levy Moreno, influencia e atua num processo de coaching em grupo: palco, cena, atores e plateia fazem parte do espetáculo.

Carl Rogers é referência para Carmen Nigro, em *Grupos de encontro,* em que os conceitos de Carl Rogers estão no cerne do encontro com o outro e no encontro do grupo, para que foquem em si, descubram sua real pessoa, o seu propósito e o que dá sentido ao social, numa posição profundamente ecológica, holística e humanista. A vivência em grupo não é um fim em si, mas influencia o comportamento mais tarde, fora do grupo, pois passamos a olhar, enxergar e escutar o outro, com todas as suas perfeições e imperfeições. Não estamos mais sós, e sim no grupo.

No artigo de Marcel Ferrada, *Educação: um campo de atuação do coach*, nos é dado um panorama do profissional na carreira de professor e as situações que podem e devem ter influenciado o seu perfil e as características pessoais que apresenta em sua qualificação. Tendo o cenário sido descrito, como levar em consideração o trabalho do coaching em grupo nesse segmento que forma cidadãos para o mundo?

Finalizamos com Isabel Franchon e sua sensibilidade em integrar em sua narrativa o alinhamento do *Coaching em grupo – holístico, sistêmico e integral,* buscando refletir e responder algumas questões importantes: por que o trabalho em grupo se mostra tão importante, ainda mais na atualidade? O que nos motiva, como coaches, a reunir pessoas com histórias tão diferentes, às vezes com visões de mundo contrárias, nem sempre com o mesmo objetivo? Nessa perspectiva, todas as teorias, ferramentas e vivências apresentadas ao longo deste livro integram-se para servir ao coach que aceita o desafio.

E você, caro leitor, como tem sido sua jornada neste percurso em ambientes nem sempre tão saudáveis como gostaríamos, mas ambientes tóxicos minando a saúde das pessoas?

Nossa expectativa é que esta leitura possa abrir caminhos, suscitar novas questões e ampliar esta possibilidade tão rica em evolução para a nossa humanidade.

Aproveite a leitura e nos conte como podemos aprimorar ainda mais nossa contribuição e expertises para o trabalho em grupo.

Quem sabe, nos encontraremos numa próxima turma de coaching em grupo ou mesmo numa publicação que amplie ainda mais os estudos e descobertas com a seriedade que o tema merece.

Um grande abraço
Os autores

Iraceles Pires

Diferenças e/ou similaridades entre grupos e times

"Quem quer ir rápido vai sozinho...
Quem quer ir longe vai em grupo."

Provérbio africano

Iraceles Pires

Psicóloga, Executive & Business Coach, com formação em instituições como The Inner Game School, Net Profit, SBCoaching, MBA – Fappes, Gestão de pessoas – FGV, Leadership and Healthcare – Harvard – e Assessment Target Training Insight – TTISI. Membro do GEC, do CRA-SP.

Atua como diretora-executiva da Top Talent Consultoria, onde customiza programas de desenvolvimento para trainee e desenvolvimento de agentes multiplicadores organizacionais, executivos e times de alta performance. Mentora em Programas para Empreendedores em Marketing Digital e Startups. Coautora do livro Manual Completo de Coaching – Grandes especialistas apresentam estudos e métodos para a excelência na prática de suas técnicas, Editora Ser Mais – 2011.

Contatos:
WhatsApp: +5511999339584
www.toptalentconsultoria.com.br

Partimos da ideia de que o sucesso das organizações depende cada vez mais do trabalho produzido em times, em comparação com o trabalho produzido por indivíduos.

Por quê?

Porque, quando bem aproveitada, a diversidade de visões, perfis, opiniões, estilos, habilidades, conhecimentos e competências pode produzir resultados mais eficientes, através de soluções mais criativas, eficazes e não definitivas para os incontáveis problemas e oportunidades que as empresas encaram todos os dias.

Não há dúvida de que o saber coletivo é maior do que a somatória do saber individual.

As forças e fraquezas pertinentes que compõem cada indivíduo se complementam e se sobrepõem às dificuldades da atuação individual, para os resultados esperados. Portanto, nosso objetivo neste capítulo é trazer uma reflexão sobre o que é um grupo e o que é um time. Discorrer sobre suas diferenças, similaridades e correlações existentes, bem como sobre a aplicação do coaching para essas duas condições de trabalho.

Podemos dizer que, para se distinguir entre grupos e times, devemos entender que a diferença está nos atributos e/ou características diversificadas.

Assim, um grupo não pode se transformar em time de forma natural. O grupo necessitará de intervenções ou recursos específicos para provocar essa metamorfose de forma adequada e eficiente.

Definições de grupo e time

Grupo: "Pessoas trabalhando juntas, no mesmo tempo, independentes e com objetivos pessoais variados".

Time: "Grupo que entende seus objetivos e está engajado em alcançá-los, de forma compartilhada, com comunicação verdadeira, opiniões divergentes estimuladas, confiança, assunção de riscos, habilidades, talentos e características a serem complementares e interdependentes, para o alcance dos resultados. Os objetivos assumidos pelo time determinam seu propósito e direcionamento das ações, com foco no investimento constante do seu próprio crescimento, e esse propósito deve ser a base de todas as decisões e em todas as circunstâncias".

Um grupo pode transformar-se em time quando passa a ter um propósito único para todos os seus componentes, e estes passam a prestar atenção à sua própria forma de operar, procurando resolver os problemas que afetam o funcionamento do time em direção aos seus objetivos e metas.

Em outras palavras, o grupo se transforma quando consegue incorporar à sua dinâmica as habilidades de diagnóstico e resolução de conflitos, em prol de um objetivo de todos.

E, ainda, um time é aquele que demonstra elevada competência e destacado grau de comprometimento para com os resultados esperados. São pessoas que, juntas, estão alinhadas e têm em comum valores, visão e objetivos.

O engajamento se dá através do envolvimento e, ao mesmo tempo, da riqueza, diversidade e multiplicidade de conhecimentos, habilidades, bagagens, opiniões e principalmente ideias diferentes, que, pela própria maturidade do time, são encaradas como sendo fundamentais para os resultados em conjunto.

Diferenças básicas entre grupos e times

Competência	Grupo	Time
Resultado	Individual	Responsabilidade de todos juntos.
Esforço	Resultados individuais com esforço individual	Resultados dependem da complementaridade dos esforços individuais.
Integração/ Relacionamento	Relacionamentos interpessoais podem ser neutros ou até inexistentes	Relacionamentos entre os membros são de suma importância para o bom andamento das ações pertinentes aos resultados.
Habilidades	Habilidades são independentes e não se somam	Habilidades constantemente testadas e aperfeiçoadas entre os membros para utilização em busca dos resultados do time.
Metas Objetivos	Individuais	Todos os membros almejam o mesmo objetivo, diversificando em função das metas, que podem ser individuais para compor as partes do resultado esperado.
Conflitos	Resolvidos individualmente para crescimento pessoal	Utilizados para o crescimento dos componentes do time e evolução do time com relação ao objetivo.

Um time possui atributos inerentes às necessidades para sua composição. São eles:

- Atenção à sua própria forma de operar, procurando resolver os problemas que afetam seu funcionamento eficazmente.

- Este processo de exame e avaliação é contínuo, em círculos recorrentes de percepção dos fatos, diagnose, planejamento de ação, prática para implementação, resolução de novos problemas e avaliações.

- Quando em time, esse processo torna-se tão natural que deixa de ser uma ferramenta disponível para utilização somente em circunstâncias específicas. É uma ferramenta de aplicação contínua, que agrega uma mensuração, quase espontânea, das necessidades e novas ações pertinentes ao bom funcionamento.

Características de um time performático

- Visão de contexto: o membro deve entender o impacto de suas ações.

- Objetivos comuns, mensuráveis e relevantes: devem ser aceitos por todos e vistos como relevantes para as funções e propósito do time.

- Combinação equilibrada de talentos e perfis: a variedade possibilita a complementaridade.

- Comunicação eficaz: a livre circulação de informações e opiniões diferentes favorece debate e troca.

- Motivação é baseada em desafios: com foco na coragem de encarar e assumir os desafios para criar o futuro proativamente.

- Abertura para aprendizado, mudança e crescimento: entende ser uma entidade dinâmica, flexível e adaptável.

Técnicas para criação de um time

- Estabelecer um objetivo que seja desafiador.
- Estimular a iniciativa pessoal – líder delega, dá abertura e feedback.
- Mesclar diferentes talentos e habilidades que se complementam.
- Fazer treinamento e prestar o apoio necessário.
- Ter uma comunicação eficaz.

De acordo com os estudos de Bruce W. Tuckman, psicólogo e pesquisador da Ohio University, em meados dos anos 60, existem estágios bem definidos para a formação de um time, seja um grupo de trabalho ou qualquer grupo independentemente do propósito, tamanho ou tempo de convivência. São eles:

Estágio 1: formação – nesta fase, os membros do time demonstram entusiasmo e trazem no comportamento aparente a necessidade de se sentirem incluídos, por isso aceitam com facilidade as regras da formação para o pertencimento. Esta é a fase em que devem ser exploradas profundamente as regras que deverão servir de base na ocasião do conflito e busca de consenso, as quais deverão ser respeitadas nesses momentos.

Estágio 2: tempestade – as diferentes personalidades começam a emergir e, com elas, o conflito, que é inerente, pois a escassez de recursos para satisfazer todas as necessidades e desejos individuais, principalmente de poder e afetividade, começa a surgir nesta fase.

Estágio 3: normalização – estabelece compartilhamento, confiança e harmonia em função do foco, metas e resultados reforçados. Nesta fase, fica clara a necessidade de abrir mão das individualidades em prol do propósito de estar em time, cuja complementaridade de habilidades, conhecimentos e competências deve ser ressaltada com base inclusive nas regras estabelecidas na formação do time, com reforço e clareza dos objetivos, individuais e em time, e diversidade de visões a serem utilizadas, para o crescimento de todos.

Estágio 4: performance – o time atinge a maturidade, começa a focar na produtividade.

Estágio 5: encerramento – quando se trata de times para projetos específicos, pode-se encerrar ao término do prazo preestabelecido e/ou resultado esperado.

Relações interpessoais e conflitos em grupos e times

A concordância permanente em grupos e times pode ser muito agradável, mas é fator de estagnação do sistema. É chamada de morfoestase, que se refere ao equilíbrio da forma e da função, sem alterações.

O desequilíbrio da controvérsia pode provocar crises que possibilitam mudanças significativas para o desenvolvimento pessoal, grupal e social. Chamada de morfogênese, esta é uma palavra com origens na língua grega e significa "desenvolvimento da forma".

O poder (transformador) do grupo

Sendo assim, conflitos são inerentes à vida tanto em grupos quanto em times e os fazem evoluírem. Acontecem, principalmente, em função da escassez de recursos humanos para lidar e/ou reconhecer os pontos fracos e fortes do ser humano que compõe o grupo e/ou time, a fim de agregar sinergia para suprir as lacunas em direção ao mesmo objetivo.

A escassez de recursos para satisfazer todas as necessidades e desejos individuais e inconscientes, entre eles poder e afetividade, gera conflitos, porém seu crescimento e desenvolvimento resultam do modo como estes são reconhecidos, enfrentados e resolvidos.

Cada resolução, quer satisfatória ou não, caracteriza nova etapa na história de um grupo e um time.

Devemos entender o conflito como uma constante da dinâmica interpessoal, reveladora do sistema energético, quando existe mais de uma pessoa.

Para o gestor, líder e/ou coach do time ou grupo, o cuidado deve estar nas consequências de um conflito mal resolvido. Elas podem ser:

- Positivas;
- Negativas;
- Construtivas;
- Destrutivas.

Isso em decorrência da atenção que damos ao conflito, do grau de aprofundamento, intensidade, duração, do contexto, da oportunidade e do tempo que disponibilizamos para cuidar dele, do modo como é enfrentado e administrado.

O conflito mobiliza energia latente do sistema, que, se não bem interpretada, pode soar como negativa, e não como positiva. Ele também desafia a acomodação de ideias e posições dentro do sistema integrativo.

Pode desvendar, quando bem explorado por coaches ou líderes, problemas escondidos que, de certa forma, podem ser negados e se transformar em uma difícil realidade, interferindo de forma imperceptível nos resultados esperados. Por outro lado, bem administrado, o conflito aguçará a percepção e o raciocínio de seus integrantes, excitando a imaginação, quando bem conduzido para soluções inovadoras, criativas e estimulantes para o desenvolvimento das tarefas do grupo e time. Quer dizer, a discordância entre os membros minimiza o fator de estagnação do sistema, e o grande ganho, além do alcance das metas, é o crescimento pessoal e do grupo e time em proporção exponencial.

Algumas dicas para lidar com conflitos em times e grupos

Tática de luta/fuga

Luta ou competição: reconhece o conflito e engaja-se em luta aberta contra o "adversário". Pode ter componentes sadios ao final do embate, porém, pode deixar sequelas no desempenho profissional, se não for conduzido com eficiência e eficácia.

Fuga ou repressão: usa-se da força para aniquilar o conflito, e não as suas causas. Eliminam-se somente os sintomas. A autoridade imposta através das partes pode reprimir as emoções, ideias, opiniões antagônicas, e as autenticidades são cerceadas; com isso, há drenagem de energia para o crescimento e o desempenho profissional. Deve haver cuidado ao fugir de um conflito ou reprimi-lo, principalmente em função de hierarquia e/ou autoridade, o que é muito comum.

Diálogo: habilidade fundamental para funcionar em grupo e/ou time, pois requer aprendizado para reconhecer e administrar os conflitos pertinentes e inerentes. Com as práticas e utilização assertiva das táticas de diálogo, pode agilizar e potencializar resultados. As características da utilização das táticas do diálogo são apaziguamento, negociação, confrontação e resolução de problemas.

Para lidar com o conflito interpessoal, em grupo ou time, é bem-vinda uma ajuda profissional. Isso quer dizer que se trata de conduzir as diferenças de visões e ideias, dando o auxílio hábil, técnico e construtivo para abrir espaço para os diálogos necessários que sirvam para aparar as arestas dessas diferenças, transformando-as em oportunidades para construção, através de desabafo para acomodação dos sentimentos e emoções contrárias.

O resultado pode ser uma trégua ou saída estratégica para repensar e analisar os sentimentos contrários mais aprofundados, com revisão entre as partes, cujo ganho passa a ser o crescimento pessoal dos membros.

Sendo assim, a fim de se obterem os benefícios inerentes de um conflito bem administrado, é necessário estar atento a algumas variáveis:

• A acomodação dos sentimentos e emoções contrárias não acontece em contexto de emoções fortes, precisa-se recuperar o equilíbrio emocional para estabelecer o diálogo e explorar a solução positiva do conflito;

• É necessário extinguir palavras ambíguas, mensagens de interpretações dúbias e julgamentos nos diálogos estabelecidos;

• As expectativas e demandas de todos e para todos devem ser claras e objetivamente expressas, no momento de ações para dirimir as dúvidas;

- É importante que as necessidades de cada participante sejam reforçadas para entendimento das diferenças individuais dos componentes e seus valores individuais sejam compreendidos e alinhados na medida do possível;
- Por fim, o líder/coach, para obter o benefício da convivência, deve estabelecer a compreensão compartilhada das situações e das alternativas de ações.

O papel do coach/líder

Este líder deve ser alguém que goza da confiança de todas as partes e, ao mesmo tempo, funciona como elemento neutro, que se propõe a acompanhar, escutar, apoiar os esforços dos membros, sem interferir no mérito de cada um, simplesmente respeitando e desenvolvendo-os para um novo patamar tanto de autoconhecimento quanto de conhecimento aprofundado do propósito de todos juntos.

Esse processo é desafiador e é muito comum ser delegado ao coach de time de alta performance, que, em geral, é um profissional especializado na arte de conscientização das diferenças nos times, isento das emoções inerentes, que tenha habilidades para aplicar técnicas e ferramentas de autoconhecimento, competências, análise situacional e desenvolver um plano de desenvolvimento individual em grupo.

O objetivo maior da atuação desse profissional é transformar os conflitos pessoais, e do time, em resultados mensuráveis, vinculados ao propósito, através de trabalho colaborativo, ações pertinentes para a atividade, entre e para as partes envolvidas.

Esse processo de coaching inicia-se com diálogo catalisado em duas etapas:

1ª. Diferenciação e entendimento da individualidade;
2ª. Integração e complementaridade das partes em prol do coletivo.

A partir disso, inicia-se uma nova fase, de exploração e compreensão das percepções, sentimentos, distorções de avaliações, preconceitos, idiossincrasias, pontos de vista, desejos de todas as partes do time alinhados, e então se aprofunda o trabalho com novas disposições, com tensões aliviadas, que aquecem o ambiente para uma comunicação e utilização do capital humano genuinamente.

Esse processo requer tempo, disponibilidade, atividade e muito empenho de todos para obtenção de insights que podem ser desagradáveis, perturbadores, e que, ao final, devem levar a uma reformulação de posicionamentos individuais, relacionados às tarefas participativas no grupo e/ou time.

Com base nas considerações sobre esse processo, podemos concluir que um grupo pode se transformar em um time de alta performance, de acordo com nossa experiência de atuação como coaches de grupo ou de times e também como membros de grupos e times com essa característica..

Podemos citar as fases de desempenho de um grupo para time de alta performance:

Nível de performance 1: pseudotime – membros sabem o trabalho a fazer, mas não se preocupam com o desempenho e ganho apreciável no coletivo.

Nível de performance 2: grupo de trabalho – partilham informações, porém responsabilidades, objetivos e produtos pertencem a cada indivíduo. Pode ser eficiente, mas não produz desempenho coletivo.

Nível de performance 3: time potencial – querem produzir um trabalho conjunto, mas precisam de apoio e orientação sobre as tarefas, objetivos e produtos. Falta compromisso efetivo em relação ao resultado final do grupo.

Nível de performance 4: time real – compõe-se de pessoas com habilidades complementares e comprometidas umas com as outras, através de uma missão comum, objetivos comuns e abordagem de trabalho bem definida. Confiam umas nas outras e na plena responsabilidade por seu desempenho.

Nível de performance 5: time de alta performance – além de se posicionarem como uma equipe real, seus membros estão profundamente comprometidos com o crescimento pessoal de cada um, deles mesmos e dos outros, com todas as energias individuais voltadas para o propósito maior do time em detrimento dos objetivos pessoais, que são considerados em segundo plano, quando comparados com o objetivo do time. Comprovadamente os resultados destas equipes são além das expectativas.

Conclusão

Devemos estar atentos à similaridade, sim, e à pouca diferença entre grupos e times no que se refere às necessidades e à utilização das capacidades humanas, direcionadas aos objetivos individuais e propósito maior em time.

E desenvolver nossas habilidades para trabalhar com excelência em grupo, saber lidar com opiniões diferentes, aprender a conviver com nossas limitações, compreender as limitações dos outros que nos cercam e nos complementam inclusive, fazendo-nos mais humanos nas relações e pessoas mais competentes no processo de trabalhar em busca dos resultados tanto pessoais quanto profissionais, individuais e/ou coletivos.

Com isso, podemos traçar um caminho a ser percorrido de uma forma mais amena, menos estressante e mais ainda, com mais prazer e bem-estar, tendo em vista a possibilidade de contemplação dos valores de conexão e pertencimento, através do trabalho em grupo e/ou time. Apesar disso, devemos ressaltar que o trabalho com grupos é um dos maiores desafios da atualidade.

Estamos vivendo na era da liberdade de expressão, dos egos inflados, que tendem a se defender e se pronunciar com mais abertura e possibilidades, afetando ainda mais a dinâmica das relações, muitas vezes por interpretações equivocadas que exigem o exercício da humildade de assumir as fraquezas ou até as forças, a um ponto de equilíbrio, necessário para se transcender naturalmente a necessidade de usar as forças do outro ao nosso redor, ou ceder as nossas a favor do propósito do grupo, e esta não tem sido uma tarefa das mais fáceis.

É nessa teia de personalidades diversas, que divergem entre si, que o coach de grupos deve atuar como facilitador dos processos para ajudar a busca do ponto de equilíbrio de cada um, para entender quem exatamente são, em sua essência, identidade, com o objetivo de atuarem em busca da realização pessoal e do time, com menos interferência do meio.

Resumindo

O trabalho de coaching para times e/ou grupo leva a uma reflexão profunda sobre como ser humilde na participação como membro.

A missão é estabelecer o cuidado para que o ego, eu mesmo, meu eu, minha autoconfiança excessiva, não gere desbalanceamento dentro dos grupos de trabalho, que ocasionará graves conflitos e deverá ser muito bem administrado. A atuação em grupo e/ou time requer ser humilde, que é o entendimento de que você é brilhante, porém, ao mesmo tempo, comum e substituível, através de um amor-próprio inteligente, que alerte e faça pensar que não podemos ser nem mais nem menos do que realmente somos, complementando-nos com a composição do grupo e do time, para suprir nossa necessidade de conexão e pertencimento.

Como coaches de grupo, nossa principal função é fazer com que as pessoas encontrem esse ponto de equilíbrio dentro delas e no grupo. E é importante ter em mente também que o coach de time vai atuar em busca da singularidade, desse ponto de equilíbrio, mas que não tem o poder de engajar ninguém. Ele tem a missão de criar um ambiente de trabalho positivo, que propicie ou, pelo menos, não iniba a possibilidade de ambientes confiáveis e produtivos, baseado em feedbacks sinceros e constantes que, através de programas consistentes, ajudam seu time a entender como o trabalho de cada um se conecta com a estratégia e as grandes iniciativas para fomentar o espírito de time.

Glossário

Morfoestase: termo que combina as palavras "morfologia" e "estase" e se refere a um estado de estabilidade ou ausência de mudança na forma ou estrutura de um organismo ou sistema. É como se estivesse em um estado de repouso ou inatividade.

Morfogênese: no contexto de dinâmica de grupo ou equipe, refere-se ao estudo e compreensão das mudanças ou desenvolvimentos na estrutura, forma e organização do grupo ao longo do tempo. É um conceito que está relacionado à evolução das interações, papéis e relações dentro do grupo.

Idiossincrasia: refere-se a características peculiares e únicas de um grupo ou time de pessoas, que podem incluir comportamentos, crenças, valores ou hábitos particulares que as diferenciam dos demais. É como uma espécie de "personalidade coletiva" que define o grupo.

Conflito: divergência ou tensão que surge quando há diferenças entre os membros de um grupo e/ou time em relação a opiniões, interesses, valores ou objetivos, podendo afetar a harmonia e eficácia do grupo/time.

Engajamento: significa fazer parte de um propósito ou acordo em um time ou grupo. O termo está relacionado ao empenho, comprometimento e envolvimento, inclusive emocional, entre um colaborador e uma empresa, por exemplo.

Bibliografia

COVEY, Stephen R. *O 8º hábito das pessoas eficazes.*

DA MATTA, Villela. Apostila do curso "Executive coaching" "Positive Coaching" – Livro de metodologia – SBC, 1998.

DINSMORE, Paul Campbell. *Coaching Prático: o caminho para o sucesso*: modelo pragmático e holístico usando método Project-based coaching / Paul Campbell Dinsmore, Monique Cosendey Soares. Rio de Janeiro: Qualimarty, 2007.

KRAUZ, Rosa R. *Coaching executivo*: a conquista da liderança. São Paulo: 2016.

MOSCOVICI, Fela. *Equipes que dão certo*: a multiplicação do talento humano. / Fela Moscovici com a colaboração de Ataliba Vianna Crespo, Fátima Gonçalves Castello, Gercina Alves de Oliveira. Rio de Janeiro: José Olimpio, 1994.

PEREIRA, Milton Luís Figueiredo et al. *Trabalho com significado*: o novo capitalismo e a nova empresa: uma visão humanista e nexialista para a nova gestão de pessoas. Rio de Janeiro: Qualimarty, 2012.

Sandra Maria de Sousa Pereira

Coaching em grupo: conectando andragogia e inteligência coletiva

O coaching em grupo é um espaço privilegiado de aplicação da andragogia e da inteligência coletiva, uma vez que permite o acolhimento das experiências e diferenças individuais que, trabalhadas de forma positiva, contribuem para a ampliação da sinergia e do potencial de soluções criativas e sustentáveis.

Sandra Maria de Sousa Pereira

Especialista em Desenvolvimento Humano: Educadora, Coach, Mentora, Professora, Escritora e Terapeuta Integrativa. Seu propósito é ajudar a transformar o caminho de organizações e pessoas, para serem sempre bem-sucedidas e mais felizes. Foco em autoconhecimento, liderança, comunicação, criatividade, valores humanos e transição de vida e carreira. Mais de 35 anos de experiência em desenvolvimento organizacional, liderança e talentos, em âmbito nacional e internacional. Graduada em Letras e Jornalismo. Pós em Psicologia Transpessoal | Criatividade e Inovação | Filosofia e Autoconhecimento | Especialização em PNL e Comunicação | Psicologia Positiva | Coerência em Valores | Constelação Familiar | Master Coach e Mentor com diversas formações e certificações Internacionais (Holos, SLAC, SBCoaching, ICI, ICC, Metaforum etc.). Fundadora da Antuak Consultoria | professora convidada e coach da FDC - Fundação Dom Cabral | Membro do GEC, do CRA-SP. Seu lema é: "Gente é para Brilhar".

Contatos:
Fone: +55 (11) 99651-9824
e-mail: sandra.pereira@antuakconsultoria.com.br
Instagram: @sanpereira.oficial
www.antuakconsultoria.com.br
www.momentocoaching.com
https://www.linkedin.com/in/sanpereiraantuak/

ndragogia é a ciência que potencializa o processo de aprendizagem do adulto. A palavra vem do grego *andros*, que significa adulto, e *agogôs*, que significa educar. O termo "andragogia" surgiu em 1967, como disciplina e parte integrante das ciências no campo da educação dos adultos, com o artigo *Andragogy, not Pedagogy*, publicado por Malcolm Knowles. Porém, Edward Lindeman, quando da publicação da sua obra *The Meaning of Adult Education*, em 1926, já defendia que a educação é vida, e não preparação para a vida, e tem como principais recursos as próprias experiências de vida.

"A educação de adultos representa um processo através do qual o adulto se torna consciente de sua experiência e a avalia. [...] São usados fatos e informações das diversas esferas do conhecimento, não para fins de acumulação, mas por necessidade de solucionar problemas." Linderman

Definida como tal por Malcolm Knowles, a andragogia estuda a educação de adultos, centrada no aprendiz, com a finalidade de buscar uma aprendizagem efetiva para o desenvolvimento de habilidades e conhecimentos. A premissa é de que os adultos aprendem com mais facilidade em ambientes informais, confortáveis, flexíveis e sem ameaças.

"Não podemos ensinar um adulto, mas sim ajudá-lo a aprender." Malcolm Knowles

Nesse processo, os adultos aprendem compartilhando conceitos, e não somente recebendo informações a respeito do tema.

Princípios da andragogia

Alguns dos principais pilares que definem o modelo andragógico são:

• **Necessidade de saber:** o adulto tem necessidade de conhecer os motivos pelos quais deve aprender, antes de se comprometer com a aprendizagem. Perguntas como "O quê? Como? Por quê?" devem ser respondidas para que o adulto se engaje verdadeiramente no processo.

• **Autoconceito – autodireção crescente:** no modelo andragógico, o aluno torna-se menos dependente e passa a autodirigir sua experiência de aprendizado, uma vez que tem consciência da sua responsabilidade sobre suas decisões e da sua vida. Não há um professor ou treinador, mas sim um facilitador do processo de aprendizagem.

• **Experiência – aprendizes como fonte de aprendizagem:** o adulto já traz para o processo de aprendizado seus conhecimentos e experiências prévios, que normalmente são relevantes, tanto do ponto de vista de quantidade quanto de diversidade, os quais são considerados e integrados na construção do novo conhecimento, seja individual ou grupal.

- **Prontidão – tarefas de desenvolvimento de papéis sociais:** o adulto está pronto e dispõe-se a aprender quando necessita de conhecimento para uma aplicação prática e imediata. Para isso, precisa compreender a utilidade do conteúdo para as situações do dia a dia, na vida real.

"Os adultos geralmente se tornam prontos para aprender quando a situação de vida cria necessidade de saber." Malcon Knowles

- **Orientação da aprendizagem – centrada no(s) problema(s):** as práticas da andragogia são voltadas para a execução de uma atividade ou solução de um problema, possibilitando a combinação de vários assuntos e experiências diversas.

Normalmente o adulto foca no que ganhará com a aprendizagem em termos de aplicação prática, melhorias concretas, participação nas decisões e satisfação pessoal. A pergunta chave é: "O que tem aí para mim?"

- **Motivação para a aprendizagem – mais intrínseca:** embora tenha essa visão mais prática e possa se focar em ganhos extrínsecos (promoção, premiação, melhor salário etc.), a aprendizagem do adulto tem principalmente uma motivação mais intrínseca, ou seja, por motivadores internos como autoestima, reconhecimento, crescimento, realização pessoal ou melhoria da qualidade de vida.

Coaching em grupo

O coaching é o "processo do momento" para o desenvolvimento pessoal, de carreira e de negócios. É um processo de facilitação da transformação, do autoconhecimento e do autodesenvolvimento.

Pressupõe ética, metodologia, ferramentas e atitudes de escuta ativa, confidencialidade e respeito, que criam um ambiente e momento adequados para que a pessoa possa verdadeiramente refletir sobre si mesma, seus desejos, seus valores, suas atitudes e sua maneira de perceber os outros e as situações de sua vida. Uma das principais vantagens do coaching é propiciar um momento estruturado e sistematizado de reflexão, que permite à pessoa perceber suas questões de uma nova maneira, criando a possibilidade concreta de fazer e consolidar as mudanças e transformações que quer e necessita para avançar ao próximo patamar no seu desenvolvimento pessoal e profissional.

Esse processo baseia-se no profundo conhecimento de que o desenvolvimento e a mudança são possíveis e que só têm valor quando nascem e são conduzidos pela própria pessoa.

Nesse sentido, cabe ao coach ser um facilitador do processo do cliente, para que este redescubra e se aproprie dos seus recursos internos, utilizando-os para trabalhar suas questões e desenvolver integralmente suas potencialidades.

O coaching é uma atividade andragógica por excelência, uma vez que utiliza princípios similares, como o da autorresponsabilização e da visão da pessoa como tendo ou sendo capaz de obter por si mesma os recursos necessários para seu desenvolvimento. Também são semelhantes os conceitos do aprender a aprender, do desaprender, da aplicação prática, do significado e do aprender fazendo.

No coaching em grupo ou de equipe, potencializa-se a inteligência coletiva, na medida em que se capitaliza a riqueza da diversidade dos participantes, aumentando as possibilidades de resolução criativa dos problemas.

O poder (transformador) do grupo

Action Learning é o conceito do aprender fazendo, o aprendizado na prática e em grupo, que é um dos pilares da andragogia. Nessa abordagem, grupos pequenos trabalham com problemas reais, tomam decisões e executam ações a partir dessa experiência, promovendo a aprendizagem com base na própria experiência e também na experiência coletiva.

"O velho ditado de que duas cabeças pensam melhor que uma passa a ser verdadeiro porque, frequentemente, duas pessoas representam um conjunto mais rico de experiências e trazem maior variedade de elementos e ângulos para o problema." Fela Moscovici

O aprender em grupos de ação também é uma preferência metodológica da andragogia, embora esta também ofereça possibilidades de autoaprendizado individual (leituras e *e-learning*). Mas é sempre na ação e na relação que o aprendizado se consolida.

A metodologia do *Action Learning* em grupos é muito motivadora para os adultos, pois, utilizando casos práticos e problemas concretos a serem resolvidos pelo grupo, permite criar soluções e caminhos diferenciados, de aplicação imediata, com possibilidade de resultados rápidos.

Para que o grupo chegue a esse estágio, é necessário que seja criado um ambiente de aprendizagem, sinergia e cooperação, obtido trabalhando-se aspectos de autoconhecimento, *feedback*, resolução de conflitos, confiança e *empowerment*, bem como a apreciação e utilização da diversidade como forma de enriquecimento das possibilidades do grupo.

Para isso, é necessário criar no grupo condições que propiciem os sentimentos de confiança, acolhimento e foco e permitam transformar as diferenças em recursos para resolução de problemas de forma mais efetiva e rica.

"Se as divergências forem percebidas como enriquecedoras ao invés de competição por certo-errado, as situações conflitivas passarão a ser problemas que poderão ser resolvidos cooperativa e criativamente [...]. Muitos problemas só podem ser vistos claramente, em perspectiva, no seu todo, se os indivíduos que percebem aspectos diferentes se reúnem e juntam suas diferenças colaborativamente para uma síntese significativa." Fela Moscovici

É nesse contexto que podem florescer a sinergia, a colaboração e a cooperação, permitindo o trabalho por um objetivo comum, seja um projeto, seja o desenvolvimento dos seus integrantes em alguma competência específica.

Considerando-se esses aspectos, verificamos que os grupos são espaços privilegiados para criação e desenvolvimento de competências e aplicação das metodologias da andragogia e de *Action Learning*, contribuindo para a emergência e a conscientização da inteligência coletiva.

O poder (transformador) do grupo

No coaching em grupo (seja de grupo, em grupo, de time ou equipe), o coaching, a andragogia e a inteligência coletiva convergem e se potencializam, reforçando os aspectos de autorresponsabilização, autonomia, solução de problemas, vivência e ação prática e concreta.

Os recursos internos florescem a partir da valorização das experiências de vida dos participantes, fortalecidos pelos processos de autoconhecimento e *feedback*.

Vivenciar esses processos em grupo, o fazer junto, responde a uma necessidade humana de pertencimento, colaboração e relacionamento, ao mesmo tempo em que, se bem trabalhados, os aspectos de diversidade, diferenças e conflitos de opiniões podem enriquecer exponencialmente a experiência grupal e do indivíduo.

Dessa forma, cada participante, a partir de sua individualidade, pode incorporar as experiências de aprendizado, solucionando os seus problemas e, ao mesmo tempo, colaborando para que os demais no grupo também o façam, caminhando juntos para a mudança e transformação que levará cada um ao próximo patamar de desenvolvimento.

Um caso de desenvolvimento de liderança e projetos

"Aprendizagem é experiência. Todo o resto é informação." Albert Einstein

Existem diversas nomenclaturas e definições de coaching em grupo e de equipe, defendidas por autores e estudiosos consagrados. Sem pretender criar outras definições nem defender nenhuma delas, assumimos as seguintes diferenciações, apenas para efeito didático e para situar este caso:

- **Coaching em grupo:** aquele em que o grupo é formado por pessoas que normalmente não se conheciam anteriormente, oriundas de diferentes áreas, setores, empresas etc., mas que têm um mesmo objetivo de desenvolvimento, como, por exemplo, emagrecimento, financeiro, autoconhecimento etc.

- **Coaching de grupo, de time ou de equipe:** aquele em que o grupo é formado por pessoas que se conhecem em menor ou maior grau, por fazerem parte de uma mesma área, setor, empresa etc., e que trabalham juntas para desenvolver ou resolver uma mesma questão. Por exemplo, supervisores de uma empresa que precisam desenvolver competências de liderança.

Este caso é um bom exemplo de como o coaching de equipe pode ser aplicado usando-se como base a andragogia e o *Action Learning*.

Foi realizado no âmbito de um programa de desenvolvimento de alta liderança que conduzi num grupo multinacional do setor industrial, em sua subsidiária brasileira, localizada no estado de São Paulo.

Nesse trabalho, desenvolvido em dois módulos, com o intervalo de dois meses entre cada um, foram utilizados tanto o coaching de equipe como o *Action Learning*, integrados com objetivo de desenvolvimento das competências de liderança e aplicação imediata em projetos comuns da empresa.

O primeiro passo desse trabalho com a equipe foi a realização de atividades de *team building* e *team-trusting*, ou seja, criação das bases de funcionamento do grupo e construção da confiança, aumentando o autoconhecimento.

Para isso foram utilizados os conceitos e ferramentas da Janela de Johari (autopercepção e ampliação da consciência sobre si mesmo), MBTI (*assessment* baseado nos tipos psicológicos de Jung) e processos de *feedback*.

No segundo momento, foram definidos projetos grupais, concretos do negócio, em torno dos quais os grupos deveriam trabalhar com dupla visão:

1) Criar soluções reais e factíveis para o projeto (*Action Learning*);

2) Analisar o processo grupal e como as competências de liderança e trabalho em equipe emergiram durante a tarefa (andragogia).

Os grupos de projetos foram definidos depois dos trabalhos com MBTI e autoconhecimento/*feedback*, privilegiando a diversidade (diferentes áreas, formações, idades, estilos psicológicos etc.).

"Vistas por um prisma mais abrangente, as diferenças individuais podem ser consideradas intrinsecamente desejáveis e valiosas, pois propiciam riqueza de possibilidades, de opções para melhores – e piores – maneiras de reagir a qualquer situação ou problema." Fela Moscovici

Foram definidos projetos de interesse da empresa, com atividades reais e resultados específicos.

No passo seguinte, foram realizadas outras atividades de coaching em grupo, trabalhando questões específicas de liderança:

• **GROW em grupo:** após a explicação do funcionamento da ferramenta, foi feita a aplicação em pares, durante a qual uma pessoa relatava uma mudança que gostaria de fazer em seu comportamento e a outra pessoa aplicava a ferramenta, experienciando o papel de *coach*. Depois se invertiam os papéis, para que os dois pudessem vivenciar tanto o papel de *coach* como o de *coachee*.

• **Roda das Competências da Liderança:** o próprio grupo, após apresentação de conteúdo sobre o tema, definiu as competências da liderança para a empresa e seu momento específico de desenvolvimento.

Essas competências foram colocadas na Roda das Competências da Liderança, a qual foi utilizada pelos participantes para analisar sua situação individual em relação às competências definidas.

• **Peer coaching:** em duplas, os participantes trabalharam os *gaps* individuais nas competências da roda da liderança definida pelo grupo, tendo como resultado um Plano de Desenvolvimento Individual (PDI) e um plano de ação para alavancar essas competências.

• **Projetos (*Action Learning*):** na sequência, foram estabelecidos um objetivo (projeto) específico para cada grupo e um objetivo geral para todos os grupos.

Foram definidos projetos de interesse da empresa, com atividades reais e resultados concretos.

O objetivo específico serviu como pano de fundo para a ação e, ao mesmo tempo, para a construção do objetivo geral, que era a aprendizagem sobre si mesmo e no grupo, num processo reflexivo, que alimentou a inteligência coletiva, a confiança e os laços que possibilitaram a evolução tanto dos indivíduos como do próprio grupo.

• **Prática reflexiva:** todas as atividades realizadas durante o seminário e no desenvolvimento dos projetos foram seguidas de uma prática reflexiva sobre o processo grupal:

como trabalhamos em grupo, administramos o tempo, como nos comunicamos, sentimentos que emergiram, o que aprendemos e o que temos vamos fazer diferente na próxima vez.

O objetivo dessa prática é potencializar a curva de aprendizado, pelo aumento do autoconhecimento individual e do grupo, enfocando o eu na relação, o eu na tarefa e a dinâmica de funcionamento no e do grupo.

"O conteúdo não é a única nem a maior preocupação – o interesse predominante volta-se para o processo do fenômeno ou situação, ou seja, examinar como aconteceu e não somente o que aconteceu." Fela Moscovici

Resultados

Os resultados desse trabalho foram o aumento do grau de autoconhecimento, pelo uso dos conceitos do MBTI nos grupos de projeto, com o objetivo de maximizar a utilização de dons e potenciais de cada tipo, evitar as armadilhas, para facilitar e enriquecer a tarefa.

Do ponto de vista das competências individuais, cada participante compartilhou com os parceiros de projeto as informações sobre o seu PDI e obteve *feedbacks* informais durante a realização do projeto sobre como essa competência poderia ser melhorada ou como atrapalhou o andamento dos trabalhos.

Os projetos tiveram resultados tangíveis, sendo apresentados sob dois pontos de vista: o da evolução concreta do objetivo do projeto e o da reflexão do grupo sobre seu processo de desenvolvimento, tanto na atividade propriamente dita quanto na relação e no crescimento dos seus integrantes.

Todos se mostraram comprometidos, em maior ou menor grau, com esse duplo objetivo e trouxeram informações bastante consistentes sobre a evolução e próximos passos.

No segundo módulo do treinamento, após a apresentação dos projetos e definição dos próximos passos, foram desenvolvidas atividades em grupo, num projeto comum de interesse geral da empresa, visando estabelecer a visão e estratégias de comunicação e *change management*, durante as quais foram percebidas as mudanças positivas na integração do grupo, na sua sinergia e também nos comportamentos dos participantes.

Conclusão

No âmbito dessa experiência, foram vários os momentos em que se comprovou a eficácia do coaching em grupo, utilizando os princípios da andragogia e privilegiando a prática do *Action Learning*, que possibilitaram a alavancagem de resultados por meio do desenvolvimento e valorização da inteligência coletiva.

Na minha visão, a riqueza do processo de coaching é amplificada no grupo, seja pela percepção e desenvolvimento do indivíduo na relação, seja pela potencialização das alternativas pela riqueza da diversidade de visões.

Atualmente, o desconhecimento sobre a aplicabilidade do coaching em grupos para o desenvolvimento de ambientes colaborativos, de engajamento e sinérgicos ainda leva à perda de oportunidades valiosas para a obtenção de resultados diferenciados e identificação de possibilidades criativas e inovadoras.

Por esse motivo, considero essencial a criteriosa atuação do coach na divulgação e indicação dessa modalidade de coaching como alternativa eficaz e de qualidade para o desenvolvimento de equipes e solução de problemas complexos.

Glossário

Andragogia: a palavra vem do grego *andros*, que significa adulto, e *agogôs*, que significa educar. Definida como tal por Malcolm Knowles, é a ciência que estuda e potencializa o processo de aprendizagem do adulto. É centrada no aprendiz, com a finalidade de buscar uma aprendizagem efetiva para o desenvolvimento de habilidades e conhecimentos. A premissa é de que os adultos aprendem com mais facilidade em ambientes informais, confortáveis, flexíveis e sem ameaças.

Action learning: é o conceito do aprender fazendo, o aprendizado na prática e em grupo. Nessa abordagem, grupos pequenos trabalham com problemas reais, tomam decisões e executam ações a partir dessa experiência, promovendo a aprendizagem com base na própria experiência e na experiência coletiva.

Peer coaching: coaching de pares – coaching feito entre pares, por pessoas que estejam eventualmente no mesmo nível hierárquico ou compartilhem os mesmos tipos de experiências e aprendizado. Pode potencializar a troca, a aprendizagem pelo compartilhamento, e desenvolver a escuta ativa.

Inteligência coletiva: é aquela que surge entre todos os indivíduos na expressão de sua diversidade, ou seja, não está restrita a poucas pessoas detentoras do saber. Emerge no grupo na criação colaborativa e na escuta das diferenças, criando um saber maior que está na humanidade, pois todos têm algo a contribuir, independentemente de seus conhecimentos e experiências no tema.

Prática reflexiva: o objetivo dessa prática é potencializar a curva de aprendizagem, pelo aumento do autoconhecimento individual e do grupo, enfocando o eu na relação, o eu na tarefa e a dinâmica de funcionamento no e do grupo. Nesta análise, feita pelo próprio grupo, o foco sai da tarefa e seus resultados e passa para o sujeito da ação (grupo, seu funcionamento e suas relações).

Bibliografia

KNOWLES, Malcon S. et al. *Aprendizagem de Resultados* – uma abordagem prática para aumentar a efetividade da educação corporativa. Rio de Janeiro: Campus-Elselvier, 2011 – recurso digital (base: Editora Campus, 1957).

Lab SSJ. *Andragogia* – Aprendizagem Efetiva para o Desenvolvimento de Adultos – Coleção Pocket Learning 3.

LINDEMAN, Edward C. The Meaning of Adult Education. New York: New Republic Inc., 1926 (versão digitalizada in https://archive.org/details/meaningofadulted00lind).

MOSCOVICI, Fela. *Desenvolvimento Interpessoal* – Leituras e exercícios de treinamento em grupo. Rio de Janeiro: LTC – Livros Técnicos e Científicos Editora S.A., 1982.

MOSCOVICI, Fela. *Equipes dão certo* – A multiplicação do talento humano. Rio de Janeiro: José Olympio Editora, 1994.

Noscilene Santos

Grupo:
uma relação sensível

Quando as pessoas se organizam em grupo, elas manifestam crenças e valores, experiências e sentimentos, nem sempre expressados verbalmente. Cada um, ao seu estilo, traz ao grupo inevitáveis diferenças comportamentais que poderão gerar transtornos, se não forem tratadas no devido tempo. Para desenvolver o efetivo relacionamento entre os participantes, deve-se observar os impactos ocorridos na primeira impressão, identificar se há conflitos e estimular mudanças de comportamentos por meio da comunicação efetiva e do feedback construtivo.

NOSCILENE SANTOS

Administradora, mineira adotada por São Paulo, a quarta filha de uma família de oito filhos. Apaixonada pelo mundo do conhecimento, as salas de aula me fascinam tanto para aprender como ensinar. Sou Bacharel em Comunicação Social e Administração de Empresas, PhD em Business Administration. Tenho diversas certificações em coaching, especialização em Programação Neurolinguística e Storytelling. Eu me dedico ao Coaching e Mentoria de Carreiras, facilito formação de liderança no Brasil e países latinos, sou docente em pós-graduação e membro do GEC-CRA-SP desde 2013. Aprecio ler e escrever, fazer trilhas e descobri que o beach tênis é o esporte que eu buscava para a minha vida.

Contatos:
noscilene.santos@peopletraining.com.br I +55 (11) 99908-0103
https://www.linkedin.com/in/noscilene-santoscoach/
Instagram: @noscilenesantos

Se possível, não devemos alimentar animosidade contra ninguém, mas observar bem e guardar na memória os procedimentos de cada pessoa, para então fixarmos o seu valor [...] regulando, assim, a nossa conduta e atitude em relação a ela, sempre convencidos da imutabilidade do caráter.
Arthur Schopenhauer

A formação de um grupo exige atenção focada em cada um dos membros, visando antever possíveis conflitos e apontar soluções de imediato. Essa ação é vital para o desenvolvimento interpessoal, levando-se em conta que, ao envolver dois ou mais indivíduos em uma atividade, pressupõe-se uma relação sensível.

Segundo Fela Moscovici, o desenvolvimento interpessoal pode ser orientado para três níveis de consequências: o individual, o grupal e o organizacional.

Neste artigo, em especial, a abordagem será a nível grupal, com ênfase no relacionamento entre os participantes de um grupo, considerando-se a questão central do coaching em grupo. Para embasar o desenvolvimento dessa competência, elegi, dentre as diversas habilidades, três pilares que considero de suma importância no relacionamento interpessoal:

1. Flexibilidade perceptiva e comportamental;
2. Comunicação verbal e não verbal;
3. Feedback construtivo – dar e receber.

Moscovici destaca, ainda, que a nível grupal "o foco é interpessoal e grupal, examinando-se os eventos de díade, subgrupos e grupo total". O intuito é trabalhar as motivações e os objetivos comuns, cuidando dos aspectos de poder e de autoridade, além da influência social que pode emergir do grupo. Nesse sentido, a autora acrescenta: "Procura-se aperfeiçoar habilidades de comunicação efetiva, de dar e receber feedback [...]" (MOSCOVIC). Ao aperfeiçoar essas habilidades, espera-se desenvolver o relacionamento interpessoal no grupo, de maneira que os membros se predisponham a trabalhar em equipe.

Outra visão de grupo interessante é a de Michael Hall, criador do Meta-Coaching. Para o autor, "um grupo se inicia com o coletivo ou agrupamento de indivíduos, pertencentes à mesma organização ou a uma associação, ou podem não ter qualquer conexão" (HALL).

Partindo da premissa de que a formação do grupo poderá não ter qualquer conexão entre os indivíduos, como tornar o grupo coeso? Para o autor, "a coesão do grupo tanto poderá ser próxima de zero, como formar um grupo com fortes vínculos, passando para o grau de equipe" (HALL). Hall define uma equipe como "um grupo coeso, que se esforça, a um só tempo, de modo colaborativo para alcançar objetivo e desempenho comuns" (HALL).

Desenvolvendo relações interpessoais

Vale lembrar que as pessoas chegam ao grupo trazendo experiências e expectativas. Segundo Moscovici "as pessoas reagem às outras pessoas com as quais convivem". Na realidade, as pessoas expressam as suas emoções, que podem resultar em aproximação ou afastamento. Conflitos poderão surgir em razão das diferenças individuais, assim como poderão emergir novas ideias. No grupo a relação é sensível. Como administrar os possíveis conflitos no grupo e potencializar as novas ideias? Para a autora: "A forma de interação humana mais frequente e usual, contudo, é representada pelo processo amplo de comunicação, seja verbal ou não verbal" (MOSCOVICI).

Posso inferir, com base nessa citação, que a comunicação verbal e não verbal influenciam na qualidade dos relacionamentos no grupo, pois a comunicação, quando embalada com emoções voluntárias ou involuntárias, pode dar margem a interpretações e julgamentos. E como dissolver os mal-entendidos? Vou me valer dos três pilares destacados no início deste texto para esclarecer essa questão. Veja a seguir um pouco mais de conceitos.

Flexibilidade perceptiva e comportamental

"[...] ver vários ângulos ou aspectos da mesma situação e atuar de forma diferenciada, não rotineira, experimentando novas condutas percebidas como alternativas de ação" (MOSCOVICI).

A flexibilidade perceptiva e comportamental pode ser um dos fatores de sucesso no desenvolvimento das relações interpessoais. No grupo, quanto mais flexíveis forem as pessoas, mais rapidamente elas se adaptarão ao contexto, ajustando os seus comportamentos às necessidades grupais e procurando analisar as possibilidades de respostas sob diferentes perspectivas, para alcançarem os objetivos comuns.

O desenvolvimento da flexibilidade, segundo Moscovici, ocorre ao mesmo tempo em que "a capacidade criativa para soluções de propostas menos convencionais gera resultados duplamente compensadores [...]". A autora faz menção às necessidades do ego, citando a hierarquia de Maslow (Fisiológicas, Segurança, Sociais, Status/Estima e Autorrealização), enfatizando a questão de autorrealização, assim como a concepção de Martin Buber na construção de um relacionamento humano autêntico, primando pelo "eu-tu", pessoa a pessoa, em vez da relação "eu-isto", pessoa a objeto. Nota-se a importância de proporcionar ao grupo um ambiente seguro e respeitoso, assim como um objetivo com significado para cada um.

Importante ressaltar que o coaching em grupo é um processo de apoio à mudança, sendo os elementos do grupo os protagonistas, estimulados pelo coach a saírem da eventual zona de conforto, criando contexto para o desenvolvimento e experimentação de novos comportamentos, além de motivação para seguirem em direção aos objetivos coletivos. Diante disso, a flexibilidade perceptiva e comportamental pode ser considerada fundamental no processo de coaching em grupo, já que mudar comportamentos vai além do querer ou precisar mudar. Primeiro a pessoa toma consciência do comportamento que não está produzindo os resultados esperados, depois decide por mudar ou desenvolver um novo. Flexibilidade é aceitar mudar a rota, adotando novas estratégias para alcançar novos cenários.

"Se o que está fazendo não estiver funcionando, faça algo diferente." O'Connor

Assim agem as pessoas flexíveis.

Comunicação verbal e não verbal

Referente à comunicação verbal e não verbal, Moscovici faz uma abordagem interessante sobre a "primeira impressão". Segundo a autora, "Esta primeira impressão está condicionada a um conjunto de fatores psicológicos da experiência anterior de cada pessoa, suas expectativas e motivações no momento e a própria situação do encontro" (MOSCOVICI). Trata-se do impacto que uma pessoa causa a outra à primeira vista. Sabe-se que esse impacto inicial evidenciará sentimentos positivos ou negativos entre os membros do grupo, em razão de aceitação ou não aceitação das diferenças individuais. A primeira impressão, inclusive, quando carregada de sentimentos negativos por uma das partes, demandará tempo e gasto de energia para o grupo mudar o sentimento e desenvolver o relacionamento interpessoal. Os ruídos na comunicação precisam ser dissolvidos para garantir o desenvolvimento positivo da relação interpessoal no grupo.

Neste ponto, a autora sustenta que "quando a primeira impressão é positiva de ambos os lados, haverá uma tendência a estabelecer relações de simpatia e aproximação que facilitarão o relacionamento interpessoal e as atividades em comum" (MOSCOVICI).

A comunicação é complexa e essencial, é impossível não comunicar. As pessoas comunicam algum sentimento, ideia ou opinião o tempo todo, seja por meio da postura, de expressões faciais, através de um olhar ou de um sorriso. Chamo atenção para o fato de que as pessoas se expressam de acordo com as suas experiências acumuladas ao longo da história de vida. Sentimentos, crenças e valores formam a base interna de cada um, e essa base é invisível aos olhos do outro. As pessoas, cada uma com o seu estilo comportamental, trazem, também, inevitáveis diferenças de percepções para o grupo. Tais elementos tornam a pessoa única. Então, como ajustar essas diferenças, sabendo-se que o repertório individual interage com o grupo? Para Moscovici, "a maneira como essas diferenças são encaradas e tratadas determina a modalidade de relacionamento entre os membros do grupo".

Vale trazer à tona outro elemento essencial na comunicação: a escuta ativa. O coach se vale dessa ferramenta para escutar o que as pessoas dizem além das palavras verbalizadas, interagindo com perguntas para garantir que a mensagem seja específica e clara para todos. Discussões entre os membros do grupo são estimuladas e isso é salutar, desde que escutem uns aos outros e respeitem as diferentes opiniões.

"Não há processos unilaterais na interação humana: tudo o que acontece no relacionamento interpessoal decorre de duas fontes: eu e o(s) outro(s)." Fela Moscovici

Seguindo o pensamento da autora, já que no grupo os processos de interação humana não são unilaterais, observando-os à luz do desenvolvimento interpessoal, pode-se obter um excelente conteúdo de aprendizagem, a partir dos diferentes estilos comportamentais manifestados. As pessoas são diferentes e expressam as suas diferenças; sabendo-se disso, tais diferenças podem se transformar em recursos para o grupo, por meio do feedback construtivo como parte das estratégias de desenvolvimento.

Habilidade em dar e receber feedback

Na visão de Moscovici, "[...] o feedback é um processo de ajuda para mudanças de comportamento", pois o ato de comunicar a pessoa ou o grupo sobre comportamentos que afetam outras pessoas contribuirá para melhorar desempenhos, visando alcançar os seus objetivos.

O feedback pode ser considerado uma das ferramentas mais importantes para o crescimento pessoal e de alcance de resultados para a organização. Estatística sobre a importância do feedback como ferramenta de desenvolvimento, publicada no blog Hubspot em 2015 e atualizada em 2016, aponta que cerca de 43% dos funcionários altamente engajados recebem feedback pelo menos uma vez por semana; além disso, 69% disseram que iriam trabalhar mais se sentissem que seus esforços foram reconhecidos e 78% afirmam que ser reconhecido os motiva em seu trabalho.

Embora os números confirmem os anseios das pessoas, a arte de dar e de receber feedback ainda é um tabu; nem todos estão habituados a essa prática. Moscovici fala sobre essa realidade: "é difícil aceitar nossas ineficiências e ainda mais difícil admiti-las para os outros, publicamente". Para minimizar o impacto de quem oferece e de quem recebe, é oportuno preparar a conversa e fundamentar o diálogo com evidências para evitar desentendimentos ou justificativas. Existem critérios para um feedback eficaz e eles devem ser obedecidos para garantir clareza sobre o objetivo e os resultados esperados.

Passos para um feedback efetivo

1. Deve ser descritivo em vez de avaliativo
• Relatar o evento possibilita que o indivíduo ou o grupo escute, compreenda e use a oportunidade para o seu desenvolvimento.

2. Específico em vez de geral
• Ir direto ao ponto, mostrando as evidências.

3. Compatível com as necessidade de quem oferece e de quem recebe
• Explicar a importância desta conversa para o desenvolvimento individual e do grupo.

4. Dirigido ao comportamento
• A pessoa ou o grupo precisa ter consciência do comportamento a ser mudado.

5. Oportuno
• Procurar oferecer o feedback logo após identificar o comportamento em questão.

6. Esclarecido, para garantir uma comunicação precisa
• Perguntar à pessoa ou ao grupo o que entendeu sobre o feedback recebido.
• Em grupo pode ser compartilhado entre os demais membros.

(Passos adaptados por mim, a partir do modelo de Moscovici.)

Na prática do feedback construtivo, além dos seis passos descritos, faz-se necessário estabelecer uma relação de

O poder (transformador) do grupo

confiança e sondar o estado de prontidão de quem irá receber. Reconhecer que no grupo existem diferentes percepções: uns se posicionam abertos ao feedback; outros não. Prestar atenção aos diferentes perfis pode ser a chave para desenvolver um ambiente harmonioso, seguro e colaborativo, ideal para potencializar resultados.

O coach e o grupo

Na condução do processo de coaching em grupo, o coach deve ser hábil em perceber as necessidades e expectativas dos participantes para o alinhamento dos objetivos. Segundo Hall, "um coach de grupo facilita para que os membros se tornem familiarizados com as forças e fraquezas uns dos outros". Subentende-se que o coach proporcionará um ambiente seguro, que permita aos membros do grupo desafiarem uns aos outros no sentido de alcançar um padrão de excelência e atingir os objetivos com maestria.

Cabe ao coach apoiar e estimular o grupo a acessar as suas respostas por meio de perguntas que inspirem a reflexão e levem à ação. Para tanto, manterá o seu olhar atento e o estado de presença, para extrair do grupo informações verbalizadas ou não, fundamentais para a evolução do processo. Trata-se de um observador que escuta atentamente sem julgar ou interpretar o que vê e o que sente. O coach, inclusive, fomenta a escuta ativa entre os membros do grupo, impulsionando-os a desenvolverem competências através do compartilhamento de ideias e experiências. Destaco, ainda, que a base da atividade de coaching em grupo é a confiança.

67

Caso: Aprendi após conhecer o coaching

Quando conheci o coaching, em 2003, eu liderava uma equipe de dez colaboradores e me dei conta de que os tratava como se todos fossem iguais a mim, por desconhecimento dos diferentes perfis comportamentais. Apesar disso, graças às minhas competências relacional e de conciliadora, a gestão não era uma catástrofe, conseguíamos entregar as metas. Mas a percepção distorcida da realidade resultava em conflitos e insatisfação comigo mesma, eu me sentia angustiada.

Segundo Maximiano, *"não basta que um conjunto de pessoas conviva fisicamente, esteja organizado ou tenha os mesmos objetivos para que se caracterize como equipe: é necessário que esses indivíduos se percebam como sendo partes de um mesmo todo, e que cada um veja os demais da mesma forma"*.

Sob a ótica de Maximiano, eu não liderava uma equipe, e sim pessoas que conviviam no mesmo ambiente. Quisera eu que esse comportamento fosse só meu, infelizmente a resposta é: não. Tenho observado nos atendimentos de coaching para liderança que ainda é comum líderes de equipes carregarem o "mundo nas costas", por ignorarem as habilidades individuais da equipe e não entenderem que perfis diferenciados formam equipes de excelência. Insistir em liderar dessa maneira significa sacrificar a si mesmo e a equipe.

Eu, por exemplo, trabalhava exaustivamente para encobrir aqueles que não entregavam as suas atividades no prazo. E por que não entregavam? Descobri quando identifiquei os perfis da equipe, entendi as diferenças e necessidades individuais. Ciente da situação, comecei adequando o meu estilo de liderança, aprimorei a comunicação, passei a escutá-los mais ativamente ao invés de me manter ocupada e responder "Pode falar que eu estou te ouvindo". Adotei a assertividade e pedia a eles para voltar em alguns minutos ou, caso a atividade pudesse ser interrompida, eu parava e dedicava atenção de qualidade à pessoa. A mudança começou em mim. Pude perceber, na ocasião, que a equipe ainda carregava sentimentos da primeira impressão. Julgavam uns aos outros sem ao menos interagir para validar o sentimento. Senti na pele o que disse Moscovici: "[...] geramos e recebemos impressões errôneas que nos trazem dificuldades e aborrecimentos desnecessários, porque não nos predispomos a rever e, portanto, confirmar ou modificar aquelas impressões". Conseguimos superar as dificuldades definindo, juntos, um plano de desenvolvimento pessoal e profissional em que reuniões de feedbacks e de alinhamento estratégico das metas ganharam prioridade e contribuíram para o desenvolvimento da equipe. As ações implementadas elevaram o grau de motivação e engajamento dos colaboradores. Eles se uniram pelo mesmo propósito e eu, após o coaching, liderei uma equipe.

Agora, coloco em pauta o poder dos relacionamentos como uma competência de grande valor a nível grupal. Segundo Matos e Portela, "as pessoas tendem a buscar as que mais se assemelham a elas, imaginando que as semelhanças garantem a boa convivência". O que poderia acontecer com um grupo de semelhantes? Como citado no início deste capítulo, grupos se formam de distintas maneiras e, na medida em que os membros do grupo desenvolvem a competência interpessoal, é possível notar sinergia em suas ações direcionadas ao objetivo comum. Essa evolução representa "muito mais que a simples soma das competências individuais [...]" (MOSCOVICI).

"Se você tem uma maçã e eu tenho outra; e nós trocamos as maçãs, então cada um terá a sua maçã. Mas se você tem uma ideia e eu tenho outra, e nós as trocamos; então cada um terá duas ideias." George Bernard Shaw

Considerações finais

O desenvolvimento de relações interpessoais em grupos ou equipes requer do coach ou do líder especial atenção, primando-se pela identificação do perfil comportamental de cada membro; observar as diferentes percepções e tratá-las para manter o ambiente seguro e colaborativo; cuidar para que os três pilares – flexibilidade perceptiva e comportamental, comunicação verbal e não verbal, feedback construtivo (dar e receber) – sejam colocados em prática. Essas habilidades, uma vez desenvolvidas pelo grupo, reduzem o impacto negativo da "primeira impressão", diminuem a distância entre as diferenças e aumentam a sinergia e a colaboração do grupo, proporcionando resultado maior do que a soma das partes. Segundo Fela Moscovici, quando os objetivos de desenvolvimento de competências são atingidos, as pessoas se tornam mais abertas a continuarem o processo de aprendizagem. Aprendizagem contínua mantém o grupo coeso.

Glossário

Assertividade: a capacidade de expressar de forma clara e direta os próprios pensamentos, opiniões e sentimentos, respeitando a outra pessoa. É saber dizer NÃO na hora certa, para a pessoa certa, evitando desperdício de tempo e falsas expectativas. O comportamento assertivo torna a pessoa mais eficaz, capaz de agir em seu próprio interesse sem constrangimento; em outras palavras, significa exercitar os seus direitos sem negar os direitos das outras pessoas.

Comunicação não verbal: refere-se à linguagem corporal; o corpo emite sinais enquanto a pessoa passa uma informação, através de expressões faciais, postura corporal, gestos, movimentos dos olhos, tom, volume e intensidade da voz. A comunicação não verbal revela emoções, intenções e atitudes sem o uso de palavras ou linguagem escrita e isso ocorre, na maioria das vezes, de forma involuntária. É considerada a forma mais sincera de comunicação, por apresentar vários sinais inconscientes.

Feedback construtivo: palavra de origem inglesa que significa retroalimentação. Hoje, é reconhecido como uma das mais poderosas ferramentas de aprendizagem e desenvolvimento à nossa disposição. É utilizado para comunicar a outra pessoa sobre os seus resultados em determinada ação, visando ajudá-la a melhorar o desempenho, mudar um comportamento ou reforçar um bom comportamento. O objetivo do feedback construtivo é promover o crescimento e o aprimoramento, tanto em contextos pessoais quanto profissionais.

Flexibilidade perceptiva: capacidade de se adaptar e mudar a percepção, opiniões ou interpretações com base em novas informações, experiências ou perspectivas; é enxergar uma situação ou ponto de vista sob diferentes ângulos e ajustar a própria compreensão. A flexibilidade perceptiva é importante na resolução de problemas, em tomada de decisões, assim como no relacionamento interpessoal.

Primeira impressão: refere-se à opinião que uma pessoa forma sobre outra na primeira vez que se encontram, com base em observações imediatas, como aparência, linguagem corporal, comportamento e comunicação. Essa impressão inicial pode influenciar o que se pensa sobre a pessoa, mas nem sempre reflete em sua verdadeira personalidade ou caráter de maneira completa ou precisa.

Escuta ativa: habilidade de focar-se completamente no que a outra pessoa está dizendo e também no que não está dizendo (entender as expressões, a linguagem corporal, o tom, a intensidade e o volume da voz) e responder a isso, resumindo, parafraseando, criando metáforas e interagindo com perguntas para estimular a pessoa a falar mais sobre o tema em questão.

Bibliografia

HALL, L. Michael. Coaching de grupo e de equipe – Meta-Coaching. Rio de Janeiro: Qualitymark, 2014.

MATOS, Jorge; PORTELA, Vânia. *Talento para a Vida* – Descubra e desenvolva seus pontos fortes. Rio de Janeiro: Etalent, 2006.

MOSCOVICI, Fela. Desenvolvimento Interpessoal. 17. ed. Rio de Janeiro: Editor José Olympio, 2015.

O'CONNOR, Joseph. *Manual de Programação Neurolinguística*, PNL. 3. ed. Rio de Janeiro: Qualitymark, 2006.

http://livros01.livrosgratis.com.br/cp115057.pdf consultado em 18/07/2018 - Dissertação de Mestrado - FAE Centro Universitário - ADRIANA CHOSTAK DAVID

www.citador.pt

https://impulse.net.br/a-importancia-do-feedback/

https://blog.hubspot.com/marketing/11-employee-feedback -statistics

Originally published Jul 6, 2015 12:00:00 PM, updated August 26 2017. Consulta realizada em 18 de julho de 2018.

Antonio Prado

Inclusão, controle e afeto

Todos os seres humanos fazem parte de grupos de relacionamento de alguma forma ou tipo e neles vivem suas vidas inteiras, sem se aterem ao funcionamento orgânico desses grupos. Will Schutz trouxe luz à questão da formação, desenvolvimento, solidificação e extinção dos grupos sociais de qualquer natureza, aos quais todos pertencemos em quaisquer segmentos e momentos de nossa vida. Através de seus estudos e pesquisas, esse brilhante psicólogo identificou necessidades especiais de relacionamento interpessoal, que classificou de necessidades de inclusão, controle e afeto e que regem todo processo de vida em grupo.

A contribuição de Schutz tratada no conteúdo desta publicação estimula-nos e, ao mesmo tempo, instiga-nos a aguçar nossa percepção para compreendermos melhor as manifestações comportamentais de indivíduos que se aproximam, são incluídos, são integrados, participam e eventualmente se afastam de grupos humanos em geral.

Antonio Prado

Licenciado em História pela Universidade de São Paulo. Administrador pelo Conselho Regional de Administração de São Paulo e membro do Grupo de Excelência em Coaching da entidade. Coach profissional pela Sociedade Brasileira de Coaching. Desenvolvimento de Consultores pela ADIGO Consultores. Palestrante e consultor em Gestão de Pessoas e ex-executivo e diretor em Gestão de Recursos Humanos, em empresas multinacionais como Ford, Massey Ferguson-Perkins, Henkel e Grupo Saint Gobain.

Contatos:
aprado@apradorh.com.br
(011) 99836-7979

Objetivo: sugerir um alinhamento entre o estudo de Will Schutz, que trata das dimensões de inclusão, controle e afeto na formação, desenvolvimento e extinção de grupos sociais, e sua aplicação na prática dos processos de trabalho em grupos corporativos, profissionais, inclusive nos processos de coaching individual e em grupo, à luz de suas características situacionais próprias.

Will Schutz (1925-2002)

Um dos maiores psicólogos americanos na segunda metade do século XX. Criador do movimento Potencial Humano, com forte impacto nos EUA e no mundo, com suas amplas pesquisas sobre comportamento em grupo. Fez parte do grupo de Carl Rogers, Thomas Gordon, Maslow e Portner. Estudou psicossíntese, psicodrama, bioenergética, Rolfing e Gestalt Terapia. Professor e pesquisador nas Universidades Harvard, Berkeley, S. Francisco, Chicago e na Escola de Medicina A. Einstein.

Entre os livros que escreveu está *Profunda Simplicidade*, de 1979, em que aprofunda seu estudo sobre as necessidades interpessoais de inclusão, controle e afeto no processo de formação, desenvolvimento e integração de grupos humanos. Consagrou os últimos vinte anos de sua vida para investigar a problemática do trabalho em equipe nas organizações.

Introdução

Pesquisas relacionadas a comportamento dos indivíduos em grupo tiveram expressiva contribuição no exaustivo trabalho realizado pelo renomado psicólogo Will Schutz, considerado como um dos maiores psicólogos norte-americanos. Os conceitos de Schutz sobre desenvolvimento de grupos têm abrangência universal, sendo aplicáveis a situações de grupos em qualquer tipo de ambiente. Convém lembrar que a expressão grupal ocorre mesmo a partir de relação entre apenas duas pessoas que convivem vinculadas por um interesse comum, como ocorre no trabalho de coaching.

Como apoio neste trabalho, faremos referências às pesquisas da dupla de psicólogos e pesquisadores Sandra Seagal e David Horne, contemporâneos de Schutz, que desenvolveram intensas e abrangentes pesquisas voltadas para o autoconhecimento e a capacidade de inter-relacionamento entre as pessoas pelo reconhecimento das diferenças individuais contidas nas dinâmicas de personalidade.

Dimensões na formação dos grupos: inclusão, controle e afeto

Na visão de Schutz, inclusão, controle e afeto são dimensões comportamentais básicas na vida do ser humano e estão presentes desde a infância, nas suas mais diversas formas de manifestação de pertencimento.

Ao passar pelo portal de entrada no ciclo da vida, o bebê inicia um processo de socialização, que se desenvolve em fases sequenciais até os seis ou sete anos, descritas pelos psicanalistas como oral, anal, fálica, latência e genital. Para os fins propostos para o presente estudo, não precisamos detalhar as características comportamentais de cada fase, bastando o reconhecimento de que são comportamentos característicos e específicos nas mesmas, que podem ser associados de alguma forma à interação da criança no ambiente social até se tornar adulta. Tais comportamentos, na visão de Schutz, são definidos como manifestações individuais das pessoas, visando sentirem-se aceitas (inclusão), exercerem influência (controle) e serem queridas (afeto) nos mais diversos tipos de grupos sociais no ciclo da vida.

A psicanálise nos ensina que diversos tipos de postura, atitudes e comportamentos das pessoas na vida em grupo durante a vida são, em parte, resultantes da forma em que vivenciaram tais manifestações nos diversos ambientes sociais, sobretudo nos períodos de infância e adolescência. Sendo assim, no cenário de futuras relações interpessoais, as fases bem ou mal resolvidas nesses períodos podem originar maior ou menor dificuldade na vivência das pessoas no processo de inclusão, controle e afeto na vida em grupo nos termos descritos por Schutz.

As três dimensões descritas por Schutz refletem tipos de comportamentos que se manifestam de forma consciente ou inconsciente no organismo de um grupo de pessoas, a partir de quaisquer tipos de motivos ou vínculos que as mantêm nele integradas. O grupo só se torna pleno em sua realidade com a presença de tais manifestações a partir de sua formação com fins e objetivos específicos. Elas ocorrem sempre em sequência que se inicia com a fase de inclusão e termina com a de afeto, como veremos adiante. Da mesma forma que o grupo se forma pela presença sequencial de tais comportamentos entre seus integrantes, a sua dissolução ocorre à medida que tais comportamentos se desvanecem e deixam de existir, o que acontece na sequência inversa à sua constituição.

Os vínculos nos agrupamentos humanos

É preciso lembrar que não há como pensar em alguma forma de agrupamento social sem que haja algum tipo de vínculo que propicie o interesse e a motivação para a formação grupal. Essa aplicação tem um caráter muito amplo e deve estar presente em qualquer tipo de agrupamento, desde em reuniões corporativas convocadas para um fim específico como até em reuniões de condomínio, em que o vínculo grupal é estimulado pelos interesses coletivos e individuais, não é permanente e se dissolve rapidamente. Apesar dessa amplitude, as manifestações comportamentais nas fases de inclusão, controle e afeto propostas por Schutz estão presentes na vida longa ou curta de qualquer grupo. E, dependendo da maneira de ser de cada indivíduo, expressa em suas manifestações comportamentais, penso que pode haver uma continuidade de relacionamento positivo ou negativo entre os membros do grupo após a sua extinção. Certamente a qualidade da fase final, que é a de afeto, interfere nessa continuidade, que passa a ser de natureza existencial de relacionamento e não mais de vida grupal.

Seguem os comportamentos típicos em cada fase, conforme Schutz.

Inclusão

Os comportamentos de inclusão se manifestam inicialmente mais intimamente do que de forma explícita em integrantes de um grupo e, neste sentido, sua forma depende muito dos diferentes "modos de ser" das pessoas, na expressão de Sandra Seagal. Certamente que as aproximações físico-geográfica e emocional propiciam maior fluidez no processo de inclusão. É um sentimento incentivado por interesse em se aproximar e fazer parte do grupo e ser identificado como membro dele. Tal sentimento de interesse se manifesta no momento em que há percepção de chamado, oferta, aviso, ou mesmo a sensação de pertencimento, ou seja, o estímulo a pertencer ao grupo cujo vínculo acaba de ser sentido e identificado como tal. Nesta fase há um desejo e um sentimento de preponderância e ansiedade do membro em sentir-se dentro do grupo. A manifestação extrínseca é a expressão física e emocional de interesse e o movimento ou atitude de aproximação para ser incluído e interagir.

Certamente que as pessoas terão dificuldades maiores ou menores para se sentirem incluídas no grupo. Assim mesmo, todas estarão sempre atentas aos limites de aproximação que individualmente consideram adequados para assegurar uma convivência que lhes permita flexibilizar suas atitudes e seus comportamentos.

Para o membro sentir que é aceito no grupo, deve perceber-se reconhecido e valorizado. Isso ocorre quando outros membros passam a identificá-lo por suas características singulares e manifestam algum tipo de apreciação por sua presença no grupo. Suas interações próprias de inclusão vão se fortalecendo na sequência dos encontros.

Neste momento consolida-se a fase de inclusão do membro de um grupo, o que pode demorar mais ou menos, conforme o nível de percepção e expectativa de cada membro. O resultado final das manifestações e/ou atitudes de um membro do grupo nesta fase é a decisão de ficar dentro do grupo, para o que almeja sentir que tem valor e sua presença é reconhecida, ou ficar fora dele por sentir que sua presença é pouco significativa. Assim, alguns podem demorar mais para sentirem-se plenamente incluídos no grupo até que percebam que os demais reconhecem sua presença, única forma de controlar sua ansiedade e mantê-los no processo de inclusão. Já outros refletem mais um sentido de predomínio (não de domínio), alimentando o vínculo que os mantém integrados e incluídos. Ambos os tipos de conduta podem ser conscientes ou inconscientes.

Schutz identifica três tipos de comportamentos observados nesta fase: o social, em que a pessoa sente-se bem no processo de interação com os outros; o subsocial, caracterizado por comportamento introvertido e distante dos outros por receio de perder privacidade; e o ultrassocial, tipicamente extrovertido e ativo em procurar os outros e ser notado. Nesta fase não estão presentes vínculos emocionais significativos, já que estes ocorrem de forma clara na fase de afeto, como veremos adiante.

Controle

A segurança naturalmente sentida na fase de inclusão pela sensação de pertencimento abre caminho para os comportamentos de controle, característicos da nova fase. Estes ocorrem com maior ou menor evidência e incidência quanto maior ou menor tiver sido a percepção de aceitação de sua

O poder (transformador) do grupo

presença pelos demais integrantes do grupo na fase anterior, sobretudo a partir do momento em que o relacionamento interpessoal entre os integrantes passa a se tornar mais fluido. A partir de então, o comportamento de controle vai assumindo um certo sentido de influência, promovendo sensação de poder, e se dá mais espontaneamente em manifestações conscientes ou inconscientes, na maneira como o integrante expõe suas ideias, na forma como contesta ideias dos demais integrantes do grupo, influencia posicionamentos dos demais ou, em casos extremos, até mesmo a conduta do grupo como um todo. Uma certa sensação de autoridade no uso de expressões e citações de fatos denota a existência de controle, com ou sem influência sobre as posições e pensamentos dos outros, mas percebida por todos.

Em reuniões usuais nas empresas, é comum o desejo de os participantes não se sentirem incógnitos e manifestarem controle e poder entre os participantes. São também manifestações de controle e poder no grupo a forma que seus membros participam de processos de tomada de decisão, desejos manifestos de participar de discussões, aceitar/apoiar ideias e conceitos anteriormente discordantes e, ao fazê-lo, demonstrarem que têm flexibilidade em suas abordagens e mando em posicionamentos. Tais manifestações propiciam sensações de influência pessoal, sobretudo em momentos de algum tipo de tomada de decisão discutida, e promovem grande efeito no processo de desenvolvimento dos relacionamentos interpessoais.

Schutz identifica três tipos de comportamento de controle nesta fase:

• **abdicrata**, em que o membro se sente inferior a outros integrantes do grupo e age como tal, evitando tomar decisões e assumir responsabilidades;

- **autocrata**, em que a atitude é inversa e o membro procura influenciar os outros e tenta demonstrar competência para assumir até mesmo grande carga de responsabilidade;
- **democrata**, em que o membro atua livremente sem se preocupar em demonstrar ou ocultar suas competências, mas é consciente que as têm e é confiante de que os outros membros as reconhecem.

Penso que membros de um grupo não são exclusivamente abdicratas, autocratas ou democratas durante sua vivência grupal. Mas é possível haver maior ou menor incidência de tais comportamentos individualmente durante a vida de um grupo, na medida em que o ambiente ou tipo de vínculo sinalizar situações de maior ou menor complexidade, com maior ou menor risco para a continuidade da integração do membro no grupo. Nestes momentos, quanto maior for a capacidade de controle de um membro, melhor será sua integração.

Nesta fase, o sentir-se competente promove sensação de controle ao membro do grupo, com manifestações comportamentais típicas desse estado, denotando "estar por cima". O sentimento contrário, de pouco ou não competente, denota "estar por baixo", comprometendo de certa forma o estímulo que precisa ter para permanecer no grupo.

Afeto

À medida que o grupo vai assumindo coesão entre seus integrantes, o relacionamento interpessoal vai se tornando mais aquecido, embora sempre protegido por maior ou menor distância, conforme a maneira de ser de cada um. Nesta fase, os parâmetros de conduta são prevalentemente emocionais e atitudinais, integrando-se na sequência de formação e consolidação de um grupo e abrindo espaço natural para a formação de vínculos afetivos entre seus integrantes. Alguns membros estreitam mais a aproximação com os demais, por critérios muitas vezes inconscientes e intuitivos. O comportamento afetivo vai ganhando espaço a partir da percepção individual de necessidade de ajuda aos demais membros, afinidades expressas ou não de pensamentos, ideias, estilos e valores individuais. As manifestações mais concretas são ofertas espontâneas de ajuda e ênfase na verbalização de concordâncias com pontos de vista dos outros membros.

O afeto está sempre presente de alguma forma e os diversos tipos de manifestação o mantém aquecido, num desejo inconsciente dos integrantes de serem pessoas queridas e emocionalmente integradas. Schutz identifica três formas de comportamento afetivo:

- **subpessoal**, cujas manifestações são no sentido de manter distância emocional, evitando vínculos afetivos mais próximos;
- **superpessoal**, caracterizada por intensa aproximação e busca de reciprocidade e confiança dos outros;
- **pessoal**, em que o membro do grupo se sente à vontade tanto numa relação pessoal mais íntima como na que exige distanciamento emocional. Nesta fase, iniciar uma relação afetiva e receber afeto é uma troca afetiva, mas sua intensidade é objeto de controle, como na figura dos porcos-espinhos de Schopenhauer, que procuram se amontoar em noites frias para receber calor recíproco, mas suficientemente distantes uns dos outros para não se ferirem com os espinhos.

Antonio Prado

Desenvolvimento do grupo e dinâmicas comportamentais

Diante da era de diversidade que caracteriza o ambiente social em que vivemos, parece-me fazer sentido observar a possível influência das dinâmicas de personalidade, propostas por Seagal e Horne em suas pesquisas no livro *Human Dynamics*, nas manifestações comportamentais contidas no processo de inclusão, controle e afeto de Schutz. Para tanto, os três princípios universais mencionados por esses psicólogos e aplicáveis ao perfil de comportamento das pessoas, o mental, o emocional e o físico, bem como suas diversas combinações caracterizadas pelo natural desequilíbrio de sua incidência na personalidade das pessoas, devem influenciar de algum modo o formato das manifestações individuais expressas nas três fases da formação dos grupos preconizadas por Schutz, mas sem alteração no significado de cada uma por ele descrito.

A meu ver, esse aspecto, se conhecido e conscientizado tanto em nível individual como grupal, não apenas por membros de um grupo, mas sobretudo por eventuais lideranças nele integradas, inclusive coaches, pode promover mais fluidez com certa naturalidade no seu processo de desenvolvimento e até mesmo na extinção do grupo. Assim, o conhecimento do resultado das pesquisas de Seagal e Horne nos permite entender melhor como diferentes pessoas interagem manifestando os comportamentos de inclusão, controle e, sobretudo, afeto, sem que isso represente serem melhores ou piores, mas simplesmente diferentes.

A intensidade e frequência da convivência grupal definem o nível e ritmo de desenvolvimento do grupo. Embora as fases de inclusão, controle e afeto já tenham se manifestado na formação do grupo, os comportamentos de controle e afeto se renovam na mesma sequência, robustecendo a convivência e a estrutura do grupo. As manifestações comportamentais vão se tornando mais espontâneas e conscientes, mas ainda deixando espaço para intuições favoráveis ou desfavoráveis na dinâmica do grupo, porém com efeitos menos nocivos e mais controlados.

Em resumo, na fase de afeto, a preocupação do membro do grupo é sentir-se próximo ou distante nas relações interpessoais e sua ansiedade afetiva é saber perceber se é ou não querido e reconhecido pelos demais.

Extinção do grupo

Interesses diversos, outros tipos de motivação e circunstâncias casuais, como a diminuição da frequência de encontros, podem propiciar distanciamento físico e anímico entre os integrantes, gerando desaquecimento das relações e substituição por outros interesses, resultando em ruptura de vínculo no espaço e no tempo de existência do grupo. As mesmas manifestações de inclusão, controle e afeto ocorrem no processo de extinção do grupo, porém na sequência inversa à sua constituição, à medida que vão cessando e descontinuando os estímulos que consolidaram o grupo e alavancaram seu desenvolvimento.

Mas, apesar do processo de descontinuidade do grupo, é admissível que, com exceção de casos individuais de desagregação, as raízes do grupo possam permanecer vivas quando este se consolidou durante sua fase de desenvolvimento, o que poderia propiciar novos reagrupamentos a partir de novos vínculos com todos ou com parte dos seus membros. Por outro lado, permanecer ou não no grupo é uma decisão que acompanha sempre seus membros e pode acontecer em qualquer uma das fases de formação e consolidação do grupo, a partir do autoconceito, do nível de autoestima de cada membro e de situações de convivência de maior complexidade na visão de cada membro.

Como tais conceitos podem ser associados à vida corporativa e aos processos de coaching individual e em grupo

Procurando contextualizar os princípios de inclusão, controle e afeto nesses ambientes, é possível alinhá-los conforme segue.

• **Empresas:** a característica institucional e formal parece propiciar pouca consciência de grupo nos termos apresentados por Schutz. Neste caso, o conceito de grupo fica adstrito às equipes dos seus diversos setores de trabalho.

• **Setores de empresas:** a presença e papéis definidos de autoridade e responsabilidade de líderes nos diversos setores estimulam a consciência de grupo. Esta pode ser sentida em maior ou menor proporção, à medida que a dinâmica operacional e estilo das lideranças envolvam todos os seus integrantes de forma a perceberem vínculos que promovam interesse e motivação em sentirem-se integrados. Por exemplo, a formação de subgrupos de estudo e/ou de projetos especiais favorece o reconhecimento da existência do processo de inclusão, controle e afeto, facilitado pelo fato de, na maioria das vezes, seus membros já se conhecerem individualmente. Por esse motivo, as fases de inclusão, controle e afeto podem fluir mais naturalmente e mais rapidamente, embora sempre existirão. E, nesses casos, a extinção do grupo é resultado do encerramento do projeto ou do estudo e a sequência inversa mencionada por Schutz não ocorre por esse motivo. Lembrando a questão das raízes anteriormente mencionada, que, como estímulos para a formação de novos grupos, formais ou informais, podem gerar maior fluidez das manifestações comportamentais.

Grupos de coaching

Estes grupos têm grande consciência de grupo e todos os conceitos antes apresentados têm plena aplicação. Em alguns grupos, nota-se com maior ou menor clareza a existência das manifestações descritas. No entanto, é preciso pontuar que nesses grupos há sempre a presença ordenadora e orientadora dos coaches, o que às vezes pode inibir um pouco a espontaneidade das manifestações descritas por Schutz, mas elas sempre existirão. Talvez devido ao ambiente que integra os membros de um grupo em torno de um desejo comum próprio da metodologia de coaching, os encontros acabam estimulando de certa forma e até com mais clareza não só a consciência de grupo como os comportamentos de inclusão, controle e afeto entre os seus integrantes. Os coaches familiarizados com esses conceitos poderão facilitar a eficácia das três fases vivenciadas pelos coachees à medida que as sessões forem avançando durante todo o processo.

A partir da experiência observada pelos coaches ou gestores no trabalho com grupos, alguns aspectos relativos ao processo de inclusão, controle e afeto podem ser pontuados:

• Em todos os grupos nota-se com clareza a existência das manifestações de inclusão, controle e afeto;

• Há grande consciência de grupo, grandemente inspirada pelo vínculo formal que mantém o grupo coeso e pelo interesse genuíno em participar de um processo de coaching ou de liderança corporativa nesta fase de sua carreira e de sua formação profissional;

- É preciso pontuar que nestes grupos há a presença ordenadora e orientadora dos coaches ou gestores formais, o que às vezes pode inibir um pouco a espontaneidade e clareza das manifestações;

- A natureza de ajuda representada por um processo de coaching tende a estimular manifestações afetivas mais claras que evoluem muito rapidamente, às vezes estendendo-se aos próprios coaches, e que devem ser especialmente percebidas e controladas pelo profissional. Há casos em que são observadas manifestações de desejo de ampliação do processo de coaching por mais tempo e não é rara a formação de grupos de WhatsApp para manutenção da integração do grupo;

- A extinção do grupo ocorre a partir da sessão de encerramento, o que descontinua abruptamente o grupo, sem a sequência inversa de sua constituição conforme descrito anteriormente.

Conclusões

1. O processo de formação e desenvolvimento de grupos passa por comportamentos próprios das dinâmicas humanas, a partir da característica gregária do ser humano.

2. As observações de Schutz têm aplicação universal e servem de base para estudos mais aprofundados sobre posturas e atitudes na dinâmica de grupos, independente de seu tamanho e do tipo de vínculo que os mantém juntos.

3. Em qualquer processo de formação e desenvolvimento de grupos é fundamental a presença de vínculos que

O poder (transformador) do grupo

funcionam como chamas de interesse, motivação, aproximação e consolidação entre seus integrantes.

4. A extinção de grupos é tão processual como sua formação e faz parte da sua natureza.

5. Tanto nos trabalhos de coaching em grupo como individual está presente o processo de inclusão, controle e afeto, considerando-se que, no caso de coaching individual, o trabalho é feito a dois, embora com papéis diferentes.

6. As manifestações de inclusão, controle e afeto ocorrem em intensidade e ritmo próprios a cada membro de um grupo. Assim, é normal um membro chegar à fase de afeto antes dos demais, mas sempre tendo percorrido antes as fases de inclusão e controle.

7. No caso de coaching em grupo ou individual, o coach pode ajustar melhor sua forma de atuar e aplicar mais adequadamente as ferramentas apropriadas durante o processo de coaching, quando consegue entender melhor e atribuir valor às diferenças dos membros do grupo.

8. É recomendável que coaches e gestores se familiarizem com o estudo de Schutz e conheçam o trabalho de Seagal e Horne para enriquecerem seu acompanhamento atitudinal e comportamental dos membros de seus grupos. Com isso, poderão maximizar a eficácia de cada encontro e entender melhor as reações de cada participante no processo, promovendo estímulos apropriados em cada caso.

Glossário

Afeto: necessidade de identificar as pessoas que mais consideramos e aquelas que mais têm consideração por nós e como podemos expressar esse afeto/amizade.

Controle: necessidade de saber de nossas responsabilidades num grupo, sobre quem lidera e como podemos influenciar nas decisões, estabelecendo estruturas e formas de funcionar em grupo.

Inclusão: necessidade de sermos aceitos e valorizados por quem somos quando adentramos num grupo.

Necessidades interpessoais: podem ser entendidas como a busca de interação com as pessoas. Will Shutz definiu três necessidades interpessoais essenciais que buscamos quando integramos um novo grupo: inclusão, controle e afeto.

Personalidade: refere-se a diferenças individuais em padrões característicos de pensar, sentir e agir. É um conceito relacionado à individualidade e identidade de uma pessoa.

Bibliografia

SCHUTZ, Will. *Profunda simplicidade*: uma nova consciência do eu interior. São Paulo: Ed. Ágora, 1979.

SEAGAL, Sandra; HORNE, David. *Human Dynamics*. Rio de Janeiro: Ed. Qualitymark, 1998.

Elisa Prospero

Integrando os sentimentos e acolhendo a sombra

No coaching em grupo, as sombras coletivas surgem nos momentos de maior pressão e incertezas. A abordagem junguiana facilita o entendimento das limitações na conduta humana e favorece os resultados que transcendem as barreiras impostas pelas funções da psique humana, ou seja, dos sentimentos, das projeções e do inconsciente.

Elisa Prospero

Psicóloga, Professora Universitária e Consultora em Desenvolvimento Organizacional, Coach Executivo e Life Coach. Especialista em Psicologia Social e do Trabalho – Inst. Sedes Sapientiae, Frameworks Coaching Process-Innerlinks/EUA, Condução de Grupos, Práticas Psicoterápicas e Complementares em Saúde: Relaxamento e Meditação - Centro de Dharma/SP e UNIFESP, Constelações Sistêmicas, Biodanza e Danças Circulares. Pós-graduada em Gestão de Pessoas e Administração de Empresas - FGV/SP. Carreira executiva em RH ao longo de vinte anos em cargos diretivos e na consultoria há mais de vinte anos, com foco na Alta Liderança, Equipes e Gestão de Mudanças. Criadora do "Team Leader Coaching Intensive Program", 180 horas, pelo Instituto Próspero. Docente há mais de trinta anos na Graduação, Pós e MBA na ESPM, FAAP, Estácio de Sá, UNIP e USCS. Membro do LINC – Laboratório de Neurociências da Faculdade de Medicina/UNIFESP. Membro GEC-CRA/SP. Autora da Literare Books e co-autora em várias edições sobre Liderança, Coaching e Transformação Cultural.

Contatos:
eprospero@terra.com.br
@elisarosaprospero
Cel: +55 (11) 99622-7157

*"Diga-lhe que deve respeitar os sonhos de sua juventude
quando um homem será, que não abra o seu coração, essa flor
terna e divina, ao inseto mortífero da razão, que se jacta de
acerto, que não se deixe desviar quando a sabedoria munda-
na do entusiasmo, a filha dos céus, blasfemar."*
Citação de Dom Carlos, 4º ato, 21ª cena, em Fausto,
de W. J. von Goethe.

A psicologia analítica de Carl G. Jung considera a relevância da integração do pensamento e do sentimento, sendo estes últimos funções da estruturação de nossa psique. E, desse modo, sustenta a abordagem sistêmica do coaching em grupo, cuja premissa é a visão do ser humano integral, que reúne as dimensões do pensar, sentir e agir, integrando corpo, mente, sentimento e essência.

Assim, a compreensão dessas funções – pensamento e sentimento, juntamente com o acolhimento da sombra humana –, sobre a qual também refletiremos neste artigo, mostra-se eficaz nos processos de coaching, sobretudo no coaching em grupo, em que se buscam os melhores resultados em termos de performance para o alcance de propósitos individuais e coletivos, por meio da interação, diálogo e troca de feedbacks, que impactam o tempo todo nos sentimentos, fazendo-se necessária essa compreensão pelos participantes e o respectivo domínio conceitual e vivencial pelo coach.

Optei por permear os temas com considerações feitas pelo próprio Jung em suas publicações, aproximando assim o leitor de tão claras explanações e possibilidades de compreensão de um grande mestre das Ciências Humanas.

Sobre sentimentos

"Na maior parte das vezes sentem apenas... uma emoção acompanhada de sintomas fisiológicos colaterais. Quer dizer: uma atividade cardíaca aumentada, uma respiração acelerada, fenômenos motores – é isso que sentem. Mas quando se trata de uma reação de sentimento, muitas vezes nem o percebem, pois a reação de sentimento não vem acompanhada de fenômenos psicofísicos." Carl G. Jung

Jung fala sobre a grande infelicidade de sermos incapazes de perceber os nossos próprios sentimentos. E é frequente verificarmos nas organizações as pessoas passarem por cima de acontecimentos ou experiências sem perceberem o que de fato ocorreu com elas.

Minha experiência com grupos de trabalho ilustra passagens óbvias que exemplificam com clareza essa realidade ainda nos dias atuais. E como é desafiador para as pessoas perceberem seus sentimentos e lidarem com maturidade emocional nas relações interpessoais diante dessas circunstâncias.

Por exemplo: como garantir a assertividade e expor pensamentos e sentimentos alinhados ao que se discute num grupo pouco coeso e sinérgico? Como preservar a serenidade diante de feedbacks dados em público, expondo a fraqueza do outro? Como reagir com equilíbrio diante de avaliações formais, em que não houve a construção de confiança e engajamento entre as partes? Como garantir verdade e afeto num ambiente onde a cultura valorizada é predominantemente a da razão?

Tomando por base essas questões, o coaching em grupo favorece que as pessoas se conheçam mais, interagindo e trocando percepções sobre as diversas situações do dia a dia, ampliando seu repertório e consciência emocional para lidar com situações conflituosas com maturidade. Só assim, como se refere Jung em uma de suas passagens, o valor de cada um passa a ser olhado e respeitado:

"Enquanto supomos que ninguém sabe a respeito de algo, somos pouco capazes de avaliar o que o assunto realmente representa para nós. Por isso sempre aconselho as pessoas a falarem sobre suas questões. Pois assim percebem que valor de fato as coisas têm para elas." Carl G. Jung

Relato, a seguir, um caso de um grupo de diretores. Em nosso primeiro encontro, cuja temática foi o contrato e o propósito de alcance do grupo, puderam expor como estavam se sentindo nesse trabalho e como acreditavam que finalmente – para aquele momento turbulento que atravessavam na organização – poderiam vir a contribuir com uma cultura de coaching em que tanto acreditavam, mas que até aquele momento a própria área de Recursos Humanos relutava em oferecer. E, assim, compartilharam situações, vivências e sentimentos pessoais que vinham experimentando até então, pois somente o diálogo e a escuta empática permitem ao grupo crescer em clareza e respeito de uns pelos outros, para, a partir desse novo lugar e momento, começar a explorar novos objetivos e metas, desafios e decisões.

A abordagem do coaching sistêmico em grupo favorece a integração do sentir, pensar e agir em consonância com o contexto onde está inserido. Esse processo integra valores pessoais e organizacionais, convidando o grupo a refletir e integrar pensamento, sentimento e essência, de forma que os próximos passos são sempre consequência da maior consciência do que é importante preservar, aprimorar ou mudar, levando-se em conta o que de fato importa para todos os envolvidos.

Também é importante resgatarmos nossa humanidade no mundo do trabalho, o que está diretamente relacionado a processos mais conscientes e integrados à sustentabilidade nos empreendimentos, bem como às responsabilidades sociais e de valorização do ser humano. Segundo Jung:

"O processo de conscientização é um processo cultural e através do processo cultural somos fortemente separados de um mundo originalmente repleto de sentido e sentimento. Desenvolvi-me de modo unilateral nessa direção, isto é, na direção científica, o que naturalmente foi vantajoso para mim. Em termos humanos, entretanto, foi uma desvantagem. Custou-me a perda da minha humanidade."

E, justamente, nessa possibilidade do encontro com o outro se desdobra a integração e maior consciência de pensamento e sentimento. E quando falamos de um grupo de trabalho, de relações que trazem no seu cerne o histórico pela imposição da relação coisificada do EU-ISTO, como cita Eric Berne, psicanalista canadense, em detrimento de relações humanizadas do EU-TU, as pessoas percebem as lacunas deixadas pela falta de habilidades socioemocionais

O poder (transformador) do grupo

e a relevância da atitude correta em saber ouvir e se expressar com autenticidade e transparência – características que só as relações maduras podem oferecer. Nesse contexto, as demandas pelo coaching em grupo se tornam ainda mais necessárias e pertinentes. Dessa realidade, podemos observar ser tão comum o sucesso mesmo quando as pessoas não gostam do que fazem ou quando há conflitos interpessoais não resolvidos. O condicionamento cultural e educacional de separar bem as partes entre o pensar e o sentir, entre o pessoal e o profissional, favoreceu que a visão de trabalho se mantivesse separada da visão de vida – herança ainda de um mundo cartesiano que está aprendendo a lidar com a autenticidade e assertividade, ao mesmo tempo com a diversidade e inclusão.

E, ainda, consideramos os resultados de pesquisa como a de 2015 da Isma-Brasil (International Stress Management Association), em que 72% da população nacional se mostrava insatisfeita com o trabalho. Mais recentemente, com a pandemia, o excesso de exposição às tecnologias, a velocidade das mudanças e interferências significativas no mundo do trabalho, os estudos vêm mostrando as consequências para o bem-estar físico e mental das pessoas. As explicações podem ser muitas, desde insatisfações pessoais com a organização até dificuldades de relacionamento com colegas e gestores; assim como é importante a influência do contexto social e cultural em que estamos inseridos.

No entanto, como pode essa realidade garantir plenamente o compromisso e o engajamento das pessoas em eras tão turbulentas como a que estamos vivenciando atualmente no Brasil e no mundo? Como sustentar o trabalho em equipe e a comunicação eficaz? Como aprofundar as relações de confiança e a resiliência diante da adversidade?

Como garantir a satisfação e o sentimento de pertencimento tão importante nas relações de trabalho?

Nessa perspectiva, o coaching em grupo contribui e aprofunda o autoconhecimento das pessoas na sua capacidade de interagir, trocar feedbacks sustentáveis e aprender a aprender com o outro, clarificando ideias, definindo objetivos e metas, conquistando novos propósitos, resgatando a criatividade e trazendo firmeza nas tomadas de decisão, na revisão de processos e na celebração de conquistas.

Sobre perda da energia vital

"Quando perdemos a energia vital, isto é, a participação na vida, o interesse, a energia, então isso é semelhante a uma fadiga." Carl G. Jung

No mundo do trabalho, a perda da energia vital tem se dado, principalmente, pelos sintomas de ansiedade e depressão que acometem cada vez mais e mais profissionais. Sendo assim, torna-se essencial a compreensão de como esses transtornos têm impactado a expressão das competências de vitalidade, equilíbrio emocional, relacionamento interpessoal, comunicação, trabalho em equipe e liderança dos indivíduos e grupos de trabalho.

Na minha experiência corporativa, a limitação das competências relacionais, motivada por ordem desses transtornos, só fez aumentar a busca pelo coaching – seja individual, seja em grupos. Ansiedade, depressão e pânico devem ser amparados por procedimentos médicos e psicoterapêuticos que, por vezes, indicam o processo de coaching como forma de apoiar e desenvolver maior consciência nas pessoas acerca de suas realidades pessoais e profissionais.

Nesse cenário, o coaching possibilita a melhoria na performance individual e grupal, assim como um maior equilíbrio nas relações interpessoais e no enfrentamento dos conflitos cotidianos que devem ajudar no ajuste do foco para o alcance das metas grupais e organizacionais.

Numa organização engajada em seus propósitos e motivada por suas equipes de alta performance, ocorreu a perda temporária de um colaborador que sofreu um afastamento devido à síndrome do pânico. Quando da sua volta e readaptação, iniciamos em sua área um processo de coaching em grupo, em que as pessoas puderam trocar feedbacks, experiências e sentimentos sobre as diversas situações pelas quais o grupo foi passando desde o ocorrido com o colega. O objetivo principal era favorecer a reintegração do colega com o continente necessário para que se readaptasse da melhor forma possível, assim como a compreensão de cada um sobre esse momento de vida e carreira, em que o que importava era como o grupo iria se apoiar e fortalecer com as experiências de vida. O resultado foi o fortalecimento do trabalho em equipe, assim como do relacionamento interpessoal, resiliência e liderança, consolidados pelo alcance de todas as metas naquele ciclo com aquela equipe.

Sobre as projeções

"O que significa uma projeção? Uma projeção significa, por exemplo, que projeto características em alguém ou então encontro características que nem sempre estão lá, que vêm de algum outro lugar, por exemplo, de mim mesmo [...] Mas o que se faz nesses casos? Informamo-nos como tal pessoa é de verdade. Ouvimos o que os outros têm a dizer. Ou então, examinamos como estas pessoas são na realidade e vemos, para

nossa surpresa, que eventualmente o nosso julgamento está completamente errado." Carl G. Jung

Nesse sentido, o coaching em grupo facilita esse processo, já que explora as trocas de feedback, oferece continente e suporte. Assim, as competências individuais são revisitadas e ancoradas pela compreensão da importância de eliminar os julgamentos e favorecer a apreciação genuína do indivíduo, aprimorando a confiança de cada um em si mesmo e no próprio grupo – sempre tendo em vista o propósito de alcance coletivo. Com isso, o grupo se renova e ressurge pronto para novos desafios e conquistas.

Segundo Jung: *"Passamos por uma renovação pessoal somente quando nos assumimos. Entretanto, pessoas que têm como hábito projetar desejam sempre responsabilizar as outras pessoas, como se os outros fossem responsáveis pelas asneiras que cometemos."*

Ora, o coaching em grupo é solicitado muitas vezes para ajudar na mediação de conflitos, na gestão de mudanças e no acolhimento da adversidade – situações que impedem, por vezes, o grupo de aprimorar suas competências e alavancar os resultados necessários para o cumprimento de suas responsabilidades, objetivos e metas. Exemplos são as demandas para a melhoria na performance do líder que espera que a equipe mude, não percebendo suas próprias limitações na liderança em desenvolver pessoas e aprender a delegar. E, por outro lado, equipes infantilizadas em sua conduta que esperam sempre que o líder informe o que é para fazer e dê as respostas certas.

Sobre a sombra

"Como lidar com o lado sombra? [...] Gostamos de aparentar ou imaginar que somos capazes de lidar com a sombra ou que o problema consiste em como nós lidamos com a sombra. Porém, não imaginamos como a sombra lida conosco [...] Estamos com as mãos atadas. Pois a sombra é um arquétipo e ela age tomando-nos, apoderando-se de nós." Carl G. Jung

Para Jung, arquétipos são conjuntos de "imagens primordiais" originadas de uma repetição progressiva de uma mesma experiência durante muitas gerações, armazenadas no inconsciente coletivo – que é a camada mais profunda da psique e constituída pelos materiais herdados e imagens virtuais que seriam comuns a todos os seres humanos. A sombra pessoal é um arquétipo e pode ser definida como a parte inconsciente, que contém todos os tipos de potencialidades não desenvolvidas e não expressas; ela complementa o ego e representa as características que a personalidade consciente recusa-se a admitir e, portanto, negligencia, esquece e enterra... até redescobri-las em confrontos desagradáveis com os outros, segundo Zweig e Abrams (2011). Vale lembrar também que existe a sombra coletiva, seja de uma família ou nação – essa mais difícil de ser percebida e assimilada. Podemos olhar para ela com auxílio da mitologia e dos contos de fadas, por meio de suas histórias, e tentar compreender como interfere em nossas relações.

Recentemente, um cliente reconhecidamente competente na esfera em que atua e muito bem relacionado perdeu seu emprego que lhe garantia realização, reconhecimento, alta remuneração e benefícios condizentes. Após uns oito meses sem conseguir uma nova colocação e já desgastado pela frustração da situação que racionalmente compreendia como sendo resultado de um contexto socioeconômico turbulento e de mudança acentuada, foi orientado por amigos e familiares a buscar um processo de coaching que o ajudasse nesse momento de transição.

Começamos a trabalhar percebendo a dificuldade em estabelecer um propósito de alcance, pois ele ainda estava muito ressentido com a saída da organização. Também foi importante mergulhar e compreender a sombra que o impedia de acolher esse momento de difícil transição. Sentia-se tomado por grande angústia e ressentimento de como tinha chegado a essa situação, ao mesmo tempo constrangedora e limitante diante da família e amigos. Por meio de questões que o levaram a refletir o momento, os sentimentos e a sua própria jornada, foi possível aos poucos rever esse trajeto, resgatar a autoconfiança e fazer as pazes com essa sombra que o limitava inconscientemente.

Uma vez fortalecido pela compreensão, resgatou forças suficientes para dar passos importantes em direção a um novo caminho. E, a partir daí, redesenhar as possibilidades de uma nova jornada a seguir.

No coaching em grupo, as sombras coletivas também surgem muitas vezes nos momentos de maior pressão e incertezas dadas pelo cenário de complexidade e ambiguidade em que o grupo se vê imerso. Alta competitividade, falta de apoio e ajuda mútua, gestão por conflitos e medo da exposição são características de sombra coletiva que podem ser trabalhadas nos processos de coaching em grupo.

Outra realidade, onde a sombra coletiva emerge, é a cultura organizacional em que pouco se valoriza a liderança coaching, quando o desenvolvimento e a carreira das pessoas se veem limitados por falta de planejamento, de processos e

O poder (transformador) do grupo

de gestão de pessoas. Nessa realidade, é muito comum fazer parte da sombra coletiva as queixas e a vitimização das pessoas e grupos de trabalho por não se sentirem valorizados e reconhecidos. Nesse sentido, por meio do coaching em grupo, é importante que as pessoas e os grupos se percebam em termos de pensamentos e sentimentos e possam traçar os aprendizados que daí advêm, como as histórias de cada um se integram, se consolidam e podem ser transformadas para além de cristalizações que a vida procede quando não se tem alternativas de desenvolvimento. Nesse momento, o coaching permite a criação de novas rotas para o grupo, passos a serem dados para a expressão e viabilização de maior espontaneidade num contexto seguro e de confiança, além do fortalecimento de sua capacidade emocional.

O poema, a seguir, explora essa possibilidade de escolhas que o ser humano tem quando vislumbra sua consciência e se fortalece num processo de grupo em que o pertencimento e o engajamento dão a força e a coragem necessárias para as mudanças na vida pessoal, grupal e organizacional.

Autobiografia em cinco capítulos

1. Ando pela rua. Há um buraco fundo na calçada. Eu caio... Estou perdido... sem esperança. Não é culpa minha. Leva uma eternidade para encontrar a saída.

2. Ando pela mesma rua. Há um buraco fundo na calçada. Mas finjo não vê-lo. Caio nele de novo. Não posso acreditar que estou no mesmo lugar. Mas não é culpa minha. Ainda assim, leva um tempão para sair.

3. Ando pela mesma rua. Há um buraco fundo na calçada. Vejo que ele ali está. Ainda assim caio... é um hábito.

Meus olhos se abrem. Sei onde estou. É minha culpa. Saio imediatamente.
4. Ando pela mesma rua. Há um buraco fundo na calçada. Dou a volta.
5. Ando por outra rua.

(Texto extraído da obra *O livro tibetano do viver e do morrer* – Sogyal Rinpoche – Editora Talento / Palas Athena)

Conclusão

A premissa é que quando o coaching em grupo é bem conduzido em abordagens sistêmicas – que levam em consideração as dimensões do ser humano como corpo-mente-sentimento-essência e integram pensamento e sentimento – ele facilita o entendimento de como superar a adversidade para além das limitações da conduta humana, por meio da expansão da consciência.

É possível vislumbrar rotas eficazes quando a consciência se expande, o que muito favorece os planos de ação que transcendem as barreiras impostas pelas funções da psique e seu inconsciente, principalmente das projeções e da sombra. Essa superação permite que os grupos ampliem a empatia, a flexibilidade e a resiliência diante da adversidade e estejam prontos para os próximos passos, necessários para o alcance de seus resultados.

Assim, contribui-se para os processos de coaching em grupo, privilegiando tanto os conhecimentos e habilidades de domínio conceitual e vivencial do coach, como ampliando o autoconhecimento do grupo, expandindo sua compreensão e protagonismo em fazer as travessias necessárias

O poder (transformador) do grupo

e conduzir seu próprio percurso diante de oportunidades, problemas ou desafios do cotidiano pessoal e grupal.

Essa experiência possibilita ao grupo, ainda, a ultrapassagem dos limites do ego e o alcance de sua própria essência – sua alma –, o que reverbera por todo o campo organizacional, alçando a capacidade humana a patamares mais elevados e, quem sabe, até então nunca sonhados ou ousados.

Traça-se uma rota de sucesso rumo ao empreendedorismo, num momento em que o futuro do trabalho é tido como tema relevante e muito questionado, principalmente pela aceleração da valorização e utilização da inteligência artificial e pelos limites de nossa humanidade.

Glossário

Coaching sistêmico: abordagem que apresenta como premissa a visão do ser humano integral, que reúne as dimensões do pensar, sentir e agir, integrando corpo, mente, sentimento e essência, em consonância com o contexto sociocultural em que está inserido.

Condicionamento: segundo o fisiologista e médico russo Ivan Pavlov (1849-1936), a ideia do condicionamento clássico pode ser entendida como um processo básico da aprendizagem, a partir das relações entre estímulos e resposta, explicando padrões estabelecidos de reações emocionais e comportamentos.

Psicologia analítica: abordagem terapêutica criada pelo médico psiquiatra e psicólogo suíço Carl Gustav Jung (1875-1961), que visa ajudar as pessoas a ampliarem seu autoconhecimento, alinhando conteúdos conscientes e inconscientes para melhor lidar com as relações entre o mundo interno e externo.

Psique: palavra com origem no grego "psykhé", usada para descrever a alma ou espírito. Também é uma palavra relacionada com a psicologia e começou a ser usada com a conotação de mente por psicólogos contemporâneos para evitar ligações com a religião e espiritualidade.

Projeção: no campo da psicologia trata-se de um mecanismo de defesa em que determinados comportamentos indesejados de um indivíduo são atribuídos a outra pessoa. Nesse mecanismo, a pessoa transfere para o outro por vezes pensamentos e/ou emoções inaceitáveis ou indesejados.

Sombra: na psicologia analítica refere-se ao que foi negado, reprimido ou ainda permanece desconhecido pelo indivíduo e está recalcado – ou seja, reprimido – em seu inconsciente.

Bibliografia

BERNE, Eric. *Os jogos da vida*. São Paulo: Ed. Nobel, 1995.

JUNG, C.G. *Sobre sentimentos e a sombra*. Rio de Janeiro: Ed. Vozes, 2014.

JUNG, C.G. *Sobre sonhos e transformações*. Rio de Janeiro: Ed. Vozes, 2014.

JUNG, C.G. *O livro vermelho*. Rio de Janeiro: Ed. Vozes, 2012.

SKINNER, B. F. *Walden II* – uma sociedade do futuro. São Paulo: E.P.U., 1990.

ZWEIG, C; ABRAMS, J. (org.). *Ao encontro da sombra:* o potencial oculto da natureza humana. São Paulo: Cultrix, 2011.

Vera Cecilia Motta Pereira

Luz - foco - coaching em grupo
Coaching em grupo: a abordagem do Psicodrama

Que fatores do Psicodrama, enquanto ciência e técnica, podem estar atuando quando fazemos um processo de coaching? E quando o processo é em grupo? E quando os coaches fazem parte também de um grupo? Para tentar trazer alguma clareza, vamos examinar a influência da abordagem do Psicodrama sobre o coaching em grupo, chamaremos ao Palco o coaching e seus pressupostos e iluminaremos a cena com a luz do foco psicodramático, e para tanto traremos à Plateia algumas informações sobre o Psicodrama, quem o criou e estruturou, para depois esmiuçarmos a cena e ver quais são os atores e como é o jogo.

Vera Cecilia Motta Pereira
CRP-06/2574.

Psicóloga, formada pela PUC-SP (1975). Especialista em Psicologia Clínica e Hospitalar, e Supervisora em Psicologia, pelo Conselho Regional de Psicologia – 6ª região. Supervisora e Terapeuta Didata em Psicodrama, reconhecida pela Federação Brasileira de Psicodrama – FEBRAP. Consultora em temas organizacionais, especialmente em T&D e Processos Seletivos, em específico nas áreas de Saúde e Educação, em entidades públicas e privadas. Membro fundador do GEC-CRA/SP, desde 2007, onde coordena o Programa de Coaching para Jovens Administradores – PCJA, de 2012 até os dias atuais. Trabalhos publicados no Brasil e no exterior. Coautora dos livros Master coaches – técnicas e relatos de mestres do coaching; Saúde emocional e Manual de múltiplas inteligências, da Editora Ser Mais Ltda. – 2013, São Paulo-SP. Membro de associações nacionais e internacionais. Palestrante.

Contatos:
E-mail: veracp@uol.com.br
Tel: +55 (11) 99712-9433
https://www.linkedin.com/in/veraceciliamottapereira/
lattes.cnpq.br/7654797680698736

Psicodrama é o nome que se tem usado para abordar o conjunto teórico que engloba filosofia, método de análise das relações humanas que ocorrem em qualquer agrupamento e método e técnica de abordagem psicoterapêutica dos grupos através dos papéis exercidos pelos indivíduos, conhecido originalmente por **Socionomia: Ciência das Leis Sociais.**

A Socionomia abarca a **Sociodinâmica**, ciência que analisa a estrutura dos grupos sociais, interligados ou não; a **Sociatria**, que é a ciência do **tratamento/terapia do Sistema Social**; e a **Sociometria**, a **medição** das relações inter-humanas, baseada nos princípios da aceitação-rejeição.

Abarca ainda teoria e técnicas sobre a **Espontaneidade** e **Criatividade** – análise do Fator E, responsável por respostas próprias e adequadas à situação e/ou criando uma resposta inédita ou renovadora, e também a **Teoria dos Papéis**, em que define o papel como a menor unidade de conduta.

Todas essas derivações apenas se evidenciam na relação com o Outro.

O Psicodrama é teoria e técnica originada da Sociatria e, pela forma como se desenvolveu e a importância que adquiriu mundialmente, principalmente durante os anos 70 do século XX, a parte se tornou maior que o todo. Assim,

Psicodrama passou a significar toda a Teoria e Filosofia Socionômica.

A par de sua compreensão filosófica do ser humano, apoia-se também em sólidas equações matemáticas e estatísticas, que lançaram luz sobre o funcionamento dos pequenos grupos – visto que os humanos são basicamente gregários, suas dinâmicas e rupturas, demonstrando que o grupo não é uma multiplicação de indivíduos, mas é, em si, um organismo com leis e funcionamentos próprios.

O autor

O Psicodrama foi criado por Jacob Levy Moreno, que nasceu em Bucareste (Romênia), em 1889, de uma família de judeus hassídicos, e faleceu em 1974, nos Estados Unidos.

Moreno formou-se em Medicina em Viena (Áustria) e iniciou seus trabalhos com grupos marginalizados refugiados da Primeira Guerra, depois com prostitutas e finalmente, com o acréscimo do estudo de Teatro, com as crianças das praças de Viena e, depois, com a criação do Teatro da Espontaneidade, no qual as pessoas tinham oportunidade de vivenciar e experimentar questões pessoais e/ou sociopolíticas do momento.

Por volta de 1920, Moreno refugiou-se nos Estados Unidos, que viviam um momento efervescente da pesquisa estatística e suas aplicações práticas, bem como havia interesse e abertura para pesquisa nas relações sociais. Moreno participou do desenvolvimento da Psicologia Social e da Sociologia e é reconhecido como o Pai da Microssociologia e da Psicoterapia de Grupo e das técnicas de medida das relações interpessoais, com o Teste Sociométrico. É também considerado um precursor da criação do videotape, o que dá uma ideia da dimensão criativa e prática deste homem incrível.

Moreno fundou seu grupo em Beacon – NY, onde sistematizou a teoria e a prática do Psicodrama, formando gerações de Diretores de Psicodrama, que se encarregaram da divulgação de seus ensinamentos.

O Psicodrama chegou ao Brasil em 1961, concomitantemente em Minas Gerais, através de Pierre Weil, e em São Paulo, através do médico colombiano radicado na Argentina, Jaime Rojas Bermudez, e segue se desenvolvendo com inúmeros grupos estruturados pelo país.

O Cenário e a Cena

"Uma teoria, qualquer que seja, não irrompe abruptamente no cenário da ciência. Faz-se necessário conhecer o meio, as circunstâncias e a cultura em que nasce". Garrido Martin, E.

Lembramos que durante o final do século XIX e início do século XX Viena era o centro do conhecimento e das artes e vivia uma efervescência na Pintura, Teatro, Medicina (puxada por Sigmund Freud – criador da Psicanálise e descobridor do "inconsciente" e diretor de um grupo enorme de médicos e pensadores importantes até hoje), o que permitiu que Moreno, muito jovem, se aventurasse nas criações que culminaram na Psicoterapia de Grupo e no Psicodrama. O ambiente de Viena era propício a experimentações. Descreve Bertin: "A Viena e os vienenses de 1900 parecem para nós um sonho cheio de brilho. São belos e valsam, em palácios barrocos ao som de Strauss. São livres, audaciosos e sonham com o amor e a música na primavera".

Na Alemanha, em 1900, Max Plank lança a "Teoria da Incerteza Quântica", que abala o raciocínio mecanicista da Física; em 1902, Durkheim lança as bases da Sociologia Moderna (Moreno estava com treze anos); e George Mead conceitua a Psicologia Social; em 1905, Freud lança a "Interpretação dos Sonhos", que é considerado o ponto de inflexão da Psicanálise. Em 1903, na Rússia, Pavlov lança a "Escola Reflexológica".

Nos Estados Unidos, em 1905, Joseph Hersey Pratt teve a ideia de juntar seus pacientes em tratamento de tuberculose para receberem noções de saúde e higiene e deu-se conta do bem-estar terapêutico que produzia neles. É considerado o precursor dos grupos terapêuticos, embora não fosse a intenção.

Todos esses lançamentos eram avidamente recebidos e discutidos por grupos variados, na Academia, nos cafés e nas praças, incentivando o caldo de cultura criativa e inovadora.

As correntes que fluíam dentro da Psicologia se alimentaram desses conhecimentos – a Psicanálise se apoia na Física Mecânica e o Psicodrama, mais adiante, incorpora como metáforas conceitos da Física Quântica, bem como das discussões culturais que ocorriam diariamente nos cafés vienenses, com grupos variados, que se conheciam, chocavam-se e entrosavam-se, dialeticamente. Nada era fechado e tudo submetiam a um escrutínio cerrado, de onde saíam novas e revolucionárias ideias.

Com o assassinato do Imperador Francisco Ferdinando, o fim do Império Austro-Húngaro e a Primeira Guerra Mundial, esse ambiente criativo se perdeu e muitos dos criadores se exilaram.

Grupo

Kurt Lewin, alemão, por volta de 1920, foi talvez o primeiro a sistematizar o grupo como um organismo e a chegar a uma série de leis que o regem através da abordagem fenomenológica. Explicou a ação individual a partir da estrutura que se estabelece entre a pessoa e seu meio em um dado momento.

Depois, em decorrência da Segunda Guerra Mundial, em vários países, surgiu a necessidade do atendimento dos soldados feridos. Ficou perceptível que o grupo, por si mesmo, cria um ambiente facilitador à expressão das emoções.

A pesquisa explodiu em várias vertentes: a americana, mais preocupada em medir e organizar a melhor forma de agrupar as pessoas; a europeia, com um foco maior na facilitação das expressões pessoais. Obviamente esses grupos de pesquisadores interagiam entre si e o conhecimento foi se expandindo, numa primeira abordagem econômica, já que o atendimento em grupo é mais barato em custo/hora. Percebeu-se que a abordagem grupal tem méritos próprios e possibilita, entre outros fatores, uma sensação de pertencimento que faz bem ao indivíduo.

Mas, o que é o GRUPO?

"Eu não sou você e você não é eu / Mas sei muito de mim, vivendo com você" Freire Weffort, M. e outros.

Um grupo se define como um conjunto de pessoas interdependentes, no sentido de que um grupo é um organismo, e não um agregado/coletivo de pessoas. Não basta estar junto para ser um grupo, exigem-se algumas condições.

A teia dessa organização particular é o **campo psicológico** do grupo, que compreende muitas partes distintas: os objetivos, as atividades, as normas, os recursos e, claro, os participantes. *(Freire Weffort, M. e outros)*

Muitos fenômenos ocorrem dentro de um grupo, tais como **dependência**, no sentido da sensação de pertencimento bem como da percepção de que cada membro precisa dos outros para atingir o objetivo do grupo; a **coesão**, que resulta das forças de atração/repulsão que mantêm os participantes dentro do grupo; as **pressões** internas de cada participante *versus* a unanimidade/conflitos; os **sistemas de tensão**, que congregam forças positivas – resultado das relações dos participantes do grupo com o objetivo – e forças negativas – que derivam daquelas questões, o mais das vezes comportamentais, que os participantes escolhem não resolver.

Todos esses fenômenos podem ser percebidos e resolvidos ou não, dependendo de como as forças de cada participante se conjugam entre si e com os objetivos do grupo.

Segundo Pichòn Riviére, pode-se falar em grupo quando um conjunto de pessoas se move por necessidades semelhantes e se reúne em torno de uma tarefa específica *(Freire Weffort, M. e outros)*

Isso significa que cada participante exercitou sua fala, sua opinião, seu silêncio, defendendo seus pontos de vista. Descobrindo, então, que, mesmo tendo objetivo comum, cada um é diferente. E, ainda, nesse exercício de diferenciação, em que sua identidade vai sendo construída e reconstruída, cada indivíduo vai introjetando o Outro dentro de si (Anzieu, D. e Martin, J.Y)

Moreno apontou que "Todo grupo humano consiste em uma complicada rede de átomos sociais", onde **átomo social** é um conceito contextual, que nasce da observação e medida das relações. É o núcleo de todos os indivíduos com quem uma pessoa se relacione ou que estejam a ela vinculados ao mesmo tempo, mas não se confunde com a pessoa em si.

Assim, qualquer agrupamento, pequeno ou grande, é ligado por um tecido de relações, do indivíduo com outro indivíduo e destes com o grupo que formam.

Da análise das relações estabelecidas, percebeu que dentro de um grupo criam-se **estruturas informais**, dependendo da percepção que cada um tem do outro (que Moreno chamou de **Tele**) ou do tempo que permaneçam até atingir o objetivo do grupo (Moreno, J.L)

"Um encontro de dois: olhos nos olhos, face a face.

E, quando estiveres perto, arrancar-te-ei os olhos e colocá -los-ei no lugar dos meus;

E arrancarei meus olhos para colocá-los no lugar dos teus;

Então ver-te-ei com teus olhos e tu ver-me-ás com os meus" Moreno, J.L.

Percebeu também que cada pessoa dá conta de se relacionar com um número ótimo de pessoas, acima disso há fadiga, nervosismo, cisão e falta de continência, prejudicando a sensação de pertencimento. Tal fenômeno também ocorre com aqueles membros que, por circunstância, estão na posição de liderar o grupo, devem aprender a descentralizar para permanecer na coordenação. É função deles também ajudar na integração, pelo grupo, daqueles membros marginalizados.

Coaching

Coaching é um conjunto de abordagens e técnicas que visam ampliar e facilitar o desenvolvimento das pessoas, através de um acompanhamento mais próximo e intenso, para aprimorar competências e estimular o potencial para um desempenho superior.

Tem sido utilizado como suporte ao desenvolvimento e acompanhamento pós-treinamentos, principalmente para pessoas em posição de liderança ou em preparação para exercê-la, ou para qualquer outra movimentação na carreira. Neste processo, pode ser que o indivíduo venha a se dar conta de entraves individuais e/ou organizacionais.

Desde 2007, um grupo variável de profissionais da área reúne-se mensalmente junto ao Conselho Regional de Administração de São Paulo, para discutir, criar e organizar o conhecimento sobre o tema. Como reúne profissionais das mais diversas formações e tempo de atuação, sua primeira tarefa foi conceituar coaching, de tal forma que todos se sentissem representados:

"*Coaching* é uma atividade profissional que se dá num processo confidencial, estabelecido em uma relação de parceria entre coach e cliente, visando ao desenvolvimento pessoal e profissional, apoiando e instigando, com o objetivo de atingir resultados previamente estabelecidos" (GEC – Grupo de Excelência em Coaching – Resolução GEC/01 – Plenária de 17/09/2008 CRA-SP).

Coaching e Grupo

Até pouco tempo, coaching era considerado uma atividade individual por excelência, mas aqui e ali começou a existir a demanda por atendimento das equipes de uma mesma organização, para alinhá-las frente a novas necessidades das empresas, formando o terreno para o Coaching de Grupos. O objetivo é o desenvolvimento individual com

O poder (transformador) do grupo

trabalho em grupo, por meio das ferramentas de coaching e incentivo à interação entre os participantes para reconhecimento de forças e fraquezas, integração e melhoria no relacionamento interpessoal, em busca do objetivo comum em função da necessidade da organização à qual os membros do grupo pertencem.

Criou-se também, pipocando em vários lugares e agora já estabelecido, o Coaching **em** Grupo, no qual pessoas diversas, oriundas de vários lugares e posições, com variadas formações, desejam enfrentar seu desenvolvimento profissional e, por vezes, pessoal, em grupos reunidos por temas ou necessidades comuns. O clima de acolhimento e intimidade próprio dos pequenos grupos propicia a facilidade de exposição, e a metodologia do coaching e seu ferramental agilizam a estruturação do conteúdo em uma sequência inteligível e facilmente acessível pelos participantes.

Coaching em Grupo sob o foco do Psicodrama

Está claro que não faz sentido pensar fenômenos humanos sem um enquadre teórico-fenomenológico, que lhes dê sentido e possibilite compreendê-los. Muitos enquadres se apresentam e são reconhecíveis logicamente, sinalizando que ainda estamos no terreno das buscas e tateando o caminho à frente e, por isso, muitas abordagens contribuem significativamente para o entendimento de parte das ações que acontecem num processo de coaching em grupo.

O enquadre psicodramático possibilita tornar o participante do grupo protagonista de sua história e contribuir para a história de vida dos outros participantes, ensinando e aprendendo num movimento contínuo, desde que lhe seja garantida uma rede de relações em que possa se apoiar e entender, com calma, os movimentos: dar-se conta dos **próprios pensamentos e sentimentos;** melhorar a compreensão das situações e dos pontos de vista das outras pessoas; investigar e descobrir a **possibilidade de novas respostas** e ensaiar, aprender e **preparar-se para agir.**

Como em qualquer situação, é necessária a criação de algumas condições. Moreno sempre dizia que "para que algo aconteça é necessário local e tempo", no sentido que as condições de agenda e local devem ser resolvidas antes da reunião do grupo, todos devem estar conscientes do objetivo do que vai se desenrolar ali. O palco deve estar preparado, o diretor sabe o que quer atingir e como oferecer as melhores condições para obter o melhor de cada um, os atores se dispõem a entregar seus melhores recursos para a peça transcorrer com emoção, empatia e arrebatar a plateia.

Outras condições são **comprometimento** das pessoas em se abrirem ao outro; percepção de alguma **permanência;** comprometimento de apresentar **atitudes favoráveis;** percepção de garantia de **proteção à intimidade** (sigilo); e acesso a **explicações.**

O enquadre psicodramático pode ser responsável por vários dos **elementos facilitadores:** o trabalho em **campo relaxado;** foco no **positivo,** para construção do edifício individual e do condomínio grupal; e a **intimidade** e **acolhimento** propiciados pelo pequeno grupo.

Case

Nesses últimos anos (desde 2007) tivemos a oportunidade de criar e trabalhar, com os colegas do Grupo de Excelência em Coaching – GEC/CRA-SP (um dos grupos que fazem parte do Centro do Conhecimento do Conselho

Regional de Administração de São Paulo), o Programa de Coaching para Jovens Administradores – PCJA, atividade de coaching que respondeu à necessidade do CRA-SP de criação de um grupo de apoio na atividade de coaching para assistir aos estudantes e recém-formados em Administração, com relação ao futuro profissional.

A atividade de coaching em grupo foi apresentada inicialmente tendo em vista atender o maior número possível de estudantes e recém-formados em Administração, bem como questões teóricas sobre qual seria a melhor abordagem, pois queríamos criar um ambiente acolhedor e propício à comunicação e percepção dos participantes do seu poder sobre sua própria inserção profissional. Para tanto utilizamos os fundamentos da abordagem do pequeno grupo com a metodologia do coaching, submetida a duas experiências – piloto –, chegando assim a um produto claro: propiciar a estudantes e profissionais recém-formados em Administração, bacharéis e tecnólogos, a facilitação do rito de passagem da vida acadêmica para a profissional e diminuir o tempo de amadurecimento profissional.

O trabalho intelectual de todos que participaram e contribuíram na elaboração e pilotos do PCJA foi e tem sido sobejamente recompensado pelos resultados das edições posteriores.

Os participantes tiveram reações e alterações positivas de atitude e de comportamento, observadas pelos coordenadores das sessões e testemunhadas pelos depoimentos dos participantes, atestando a necessidade e o impacto que o PCJA teve na vida pessoal e profissional de todos os coachees (como são chamados aqueles que participam de sessões de coaching), em temas como resolução de questões referentes a conflito entre gestor e colaborador; alteração de abordagem para propor e implantar novas ideias; promoção na carreira pela percepção do empregador de mudança considerável do coachee; mudança de emprego e de cargo e de atitude para transformar as situações ruins em oportunidades de crescimento.

Não foram percebidas, significantemente, variações devidas às linhas teóricas dos coaches, pois sobressaiu a formação humanista e o esforço de criar um ambiente responsivo e acolhedor, e as poucas ferramentas utilizadas agilizaram a estruturação do conteúdo em uma sequência inteligível e facilmente acessível pelo coachee. O programa vem ganhando escala e maturidade, com resultados bastante expressivos. O incremento da percepção dos participantes sobre os fatores mostra que o PCJA alcança um percentual expressivo de variação positiva do autoconhecimento.

Conclusão

A contribuição do Psicodrama atravessa todas as sessões, o clima que se criou e se conseguiu manter nesses anos, OFERECENDO aos participantes tempo para se olhar e receber feedbacks dos colegas, num ambiente acolhedor, propício ao crescimento.

A experiência de grupo traz o Outro para se ver e espelhar e, com isso, trazer as condutas para análise. Por sermos um grupo de estudos, criando um movimento para atendimento em grupo, o que acontece em todas as esferas reverbera continuamente. Tornamo-nos melhores como coaches à medida que os coachees também se desenvolvem. Há um fator transcendente a fluir de um grupo para o outro.

Vê-se que o atendimento do coaching em grupo é algo diferente do coaching individual, apesar de seus objetivos, pois se cria um corpo que vai além das individualidades, e não é sua multiplicação.

Glossário

Grupo: conjunto de pessoas, inter-relacionadas vincularmente, que se move por necessidades semelhantes e se reúne em torno de uma tarefa específica. Podem ser espontâneos (ex.: família, casais) ou instrumentais (ex.: grupos de tarefas, equipes, grupos institucionais).

Coaching: atividade profissional que se dá num processo confidencial, estabelecido em uma relação de parceria entre coach e cliente, visando ao desenvolvimento pessoal e profissional, apoiando e instigando, com o objetivo de atingir resultados previamente estabelecidos.

Coaching em grupo: pessoas diversas, oriundas de vários lugares e posições, com variadas formações, desejam enfrentar seu desenvolvimento profissional e, por vezes, pessoal, em grupos reunidos por temas ou necessidades comuns.

Coaching de grupos: o objetivo é o desenvolvimento individual com trabalho em grupo, por meio das ferramentas de coaching e incentivo à interação entre os participantes para reconhecimento de forças e fraquezas, integração e melhoria no relacionamento interpessoal, em busca do objetivo comum em função da necessidade da organização à qual os membros do grupo pertencem.

Bibliografia
BERTIN, C. *A mulher em Viena nos tempos de Freud*. Campinas: Papirus, 1990.
GARRIDO MARTÍN, Eugenio. *Jacob Lévy Moreno: psicologia del encuentro*. In: Psicologia do encontro: JL Moreno. Madri: S.E.Atenas, 1978.

FREIRE, Madalena. *Grupo: indivíduos, saber e parceria: malhas do conhecimento*. São Paulo: Espaço Pedagógico, 1994.

ANZIEU, Didier; MARTIN, Jacques-Yves. *La dynamique des groupes restreints*. Paris: Presses Universitaire de France, 1978.

MORENO, Jacob Levy. *Fundamentos de la sociometría*. In: Fundamentos de la sociometría. Buenos Ayres: Editorial Paidós,1962.

MORENO, Jacob Levy: *Las palabras del Padre*. Buenos Ayres: Ed. Vancu, 1976.

Carmen Nigro

Grupos de encontro, de Carl Rogers

"Cada pessoa é uma ilha em si mesma, em um sentido muito real, e só pode construir pontes em direção a outras ilhas se efetivamente desejar ser ela mesma e se estiver disposta a se permitir." "Se lhe for dado a oportunidade, um organismo vivo tende a completar suas mais complexas potencialidades em vez de acomodar-se a satisfação mais simples."

Carl Rogers

Carmen Nigro

Psicóloga, Psicodramatista, com pós-graduação em Administração de RH – FGV e Gestão de Grupos – SBDG. Certificada em Assessments pelo MBTI. Membro do GEC–CRA/SP. Coach certificada PCC – Professional Certified Coach pela ICF. Neurocoaching pela Results Coaching Systems – David Rock e Marina Gunter, Coach e Team coaching pela Erickson College – Marilyn Atkinson. Há 17 anos atua como Coach e Mentora para Executivos, contribuindo com o seu desenvolvimento pessoal, assim como em grupos e times de trabalho, inspirando-os e instigando-os para o protagonismo em suas carreiras e atuação profissional.

Executiva de Recursos Humanos com 33 anos de experiência na estruturação, gestão dos subsistemas e na sua direção estratégica em empresas dos segmentos Financeiro, de Serviços e de Saúde, assumindo como Diretora de RH desde 1986. Integrou o Comitê de Direção e de RH nas empresas. Foi Presidente de duas Fundações – Social e Previdenciária, com as responsabilidades da gestão de ativos, reservas e planos técnicos inerentes durante sete anos.

Contatos:
+ 55 (11) 99106-1640
carmen.nigro@outlook.com
Linkedin.com/in/carmen-nigro

A proposta deste texto é apresentar a abordagem de Carl Rogers, os principais conceitos, o seu entendimento sobre o funcionamento de grupos, o papel do facilitador em sua atuação no desenvolvimento de pessoas e grupos e o valor do método nos processos de transformação, individual e grupal. No contexto deste livro, estou discorrendo sobre mais uma visão de grupo e desenvolvimento humano, para ampliar a reflexão sobre as diferentes abordagens e as adaptações de abordagens e processos a que os coaches devem estar atentos e abertos, não só para o coaching individual, como para o coaching em grupos.

O título deste artigo, **Grupos de encontro**, foi cunhado por Rogers e, em essência, objetiva o crescimento pessoal, o desenvolvimento e o aperfeiçoamento da comunicação e das relações interpessoais, através de um processo grupal de amadurecimento e experiência vivencial.

Tive a satisfação de que minha primeira formação em coaching, em 2004, foi com a abordagem rogeriana, contemplando todos os aspectos humanistas dessa abordagem, que detalharei mais adiante.

Hoje tenho outras formações em coaching, mas sempre preservo a abordagem de Rogers, como um denominador, uma orientação sobre pessoas, incorporando-a em qualquer outra técnica.

Acredito muito na capacidade inerente de desenvolvimento do homem, na sua autonomia e condições intrínsecas para encontrar soluções diante de suas dificuldades.

Quem foi Rogers

Carl Rogers foi um psicólogo americano que deu origem à Terapia Centrada na Pessoa. Nasceu em Illinois, em 8 de fevereiro de 1902, e faleceu aos 85 anos, em 4 de fevereiro de 1987, na Califórnia.

Influenciado por sua vida no campo, passou pela faculdade de Agricultura, não concluindo, pois percebeu que não era o que buscava. Formou-se em história pela Universidade de Wisconsin. Em seguida foi estudar Teologia em Nova York. Também não se identificando, foi estudar Psicologia na Universidade de Columbia, em 1926. Queria estudar as questões da vida humana sem estar ligado a qualquer doutrina religiosa. Formou-se doutor em Psicologia na Columbia, em 1931.

Contexto dos conceitos de Rogers

Para a compreensão do desenvolvimento e principais influências na construção de sua teoria, faz-se necessário apresentar, de maneira breve, o contexto em que esta foi desenvolvida.

Importante conhecer que Rogers, com seus estudos em psicologia, começou a desenvolver e difundir a psicologia humanista, já proposta por outros psicólogos (como Abraham Maslow). A teoria de Carl Rogers está inserida na **abordagem fenomenológica.**

O poder (transformador) do grupo

A fenomenologia é um método de conhecimento da filosofia iniciado por Husserl e aperfeiçoado por Heidegger, que consiste em compreender o fenômeno em si, tal como ele se apresenta e realmente é, sem distorções da realidade. Ela implica conhecer o significado do fenômeno para o outro, conhecer seu mundo a partir de seus conteúdos internos e ter uma compreensão empática do outro.

No pós-guerra, na tentativa de superar certa insatisfação com relação à Psicanálise e ao Behaviorismo, e para preencher algumas lacunas sobre a compreensão humana deixadas por eles, baseando-se na filosofia e utilizando a Abordagem Fenomenológica, surgiram, concomitantemente, nos EUA e na Europa, o **Humanismo** e o **Existencialismo**, respectivamente.

No **Humanismo** o homem não é visto como um ser levado por um inconsciente, e nem mesmo como alguém suscetível e influenciado por fatores externos. Ele é visto como alguém dono de si mesmo e de seus pensamentos, sendo responsável por suas atitudes e escolhas.

Nessa concepção de homem destacam-se Rollo May, Abraham Maslow e Carl Rogers. Ele enfoca aspectos positivos do desenvolvimento humano, em que o homem tem a **tendência a desenvolver-se**, mas se depara com obstáculos do meio. O ser humano tem **potencialidades e a liberdade**. A conscientização e a experiência são essenciais para a condição existencial do homem.

Enfatiza a capacidade de análise do fenômeno subjetivo na consciência, por meio da percepção experimentada na existência concreta.

O **Existencialismo** foi desenvolvido simultaneamente, no início do século XX, em diversos países da Europa: Alemanha, França, Suíça e Holanda.

Concentra-se no encontro com o outro. Busca na autoexpressão autêntica o compromisso do indivíduo consigo mesmo, o sentimento de responsabilidade pela própria existência e a liberdade para o indivíduo fazer as suas próprias escolhas, descobrindo quem ele de fato é e construindo quem ele quer ser.

O homem não é feito do ambiente nem do inconsciente, e sim de escolhas. Assim, determinantes externos são reconhecidos, mas existem variadas possibilidades de se lidar com os obstáculos. A essência se revela na existência, de dentro para fora.

Vejam que os entendimentos centrais do existencialismo e humanismo, "concentrar-se na essência do outro e na autonomia de seus pensamentos e ações", são conceitos centrais nos processos de coaching individual ou em grupos.

O "encontro com o outro", na busca da autoexpressão, a responsabilidade pela sua existência, a liberdade de fazer as escolhas e construir seu futuro, que são a essência do existencialismo, são exatamente a conduta que os coaches têm durante um processo de coaching. É a parceria com nosso cliente para ele "descobrir" seu conteúdo.

Ajudamos o cliente, através de questionamentos abertos, a fazer suas escolhas e não se permitir determinar pelo meio e pela falta de autoconsciência.

A concepção de Rogers sobre o ser humano é **humanista, holística e sistêmica.** Ele foi o pioneiro da Psicologia Humanista com sua **Abordagem Centrada na Pessoa ou Orientação Não Diretiva,** fundamentando esta nova abordagem nas filosofias existencialista e humanista. Seus conceitos e técnicas trouxeram acesso dos psicólogos à clínica, antes dominada pela psiquiatria médica e pela psicanálise.

Rogers focou no estudo da pessoa sadia e não na doente, conceituou o núcleo básico da personalidade humana tendente, em sua essência, à saúde e ao bem-estar (**Tendência Atualizante**, que veremos mais adiante). Ele percebia que as pessoas podiam ser responsáveis pela sua própria cura e não tinham que ficar passivas e à espera de uma cura que viesse de fora. Com isso trouxe a abordagem e os conceitos da **Terapia Centrada na Pessoa**.

Abordou o ser humano como um todo e privilegiou a experiência subjetiva da pessoa, bem como a relação com as pessoas.

Para Rogers, por essência, ser humano é um ser em processo, movimento, dinamismo. É um processo de **tornar-se pessoa**, de tornar-se o que autenticamente é, de tornar-se personalidade. Por isso, implicada na noção de pessoa está a noção de liberdade para a realização e escolhas e, consequentemente, de responsabilidade. Assim, o homem não é objeto, e sim sujeito e subjetividade. Com isso desenvolveu a **Terapia Centrada na Pessoa**.

A **Terapia Centrada na Pessoa (TCP)** tem a visão do processo terapêutico como uma relação de cooperação entre o terapeuta e o cliente. Nessa relação, é visado o desenvolvimento pleno, a descoberta do "eu" e a autorrealização.

E assim passou a dar ênfase aos sentimentos da pessoa e como está no presente momento, sem relevância aos problemas e situações ruins vividas anteriormente.

Nessa abordagem, Rogers identificou e desenvolveu vários conceitos humanistas, considerando o ambiente facilitador e a tendência natural e contínua do ser humano no seu desenvolvimento e realização pessoal (**Tendência Atualizante**).

A cooperação e parceria também são abordagens signifi-cativas nos processos de coaching individual e em grupos.

O coach leva o cliente a refletir sobre o presente e definir seu futuro, acredita na potencialidade dele e na capacidade de entender seu mundo subjetivo, levando-o a identificar possibi-lidades e formas de atuação que o dirigem ao desenvolvimento como pessoa, profissional ou membro de um grupo.

Tendência Atualizante

Para Rogers, o ser humano é movido por uma tendência inerente a desenvolver suas potencialidades. Um impulso a expandir-se, estender-se, tornar-se autônomo, desenvolver-se, amadurecer, que é a tendência natural do organismo para atingir um grau de maior harmonia entre a dinâmica interna e externa, ativando todas as capacidades e exercitando suas potencialidades adaptativas de acordo com o seu desenvol-vimento global junto ao meio em que vive.

Esse desenvolvimento é possível através da valorização do Eu. Assim, conduz não só à satisfação das necessidades básicas do organismo, como também às mais complexas, per-mitindo a confirmação do Eu e a preservação do organismo.

A "tendencia atualizante" é o mecanismo em que as pessoas em ambiente favorável "tendem a realizar-se ao má-ximo". Crescer não é mera opção: é obrigação se alguém de-seja ser feliz.

O ambiente favorável é fruto de atitudes básicas de va-lorização das pessoas, empatia e autenticidade (genuinidade ou congruência).

O organismo não visa apenas à manutenção das con-dições elementares como ar, alimentação etc. Visa a ativi-dades mais complexas e mais evoluídas e revalorização do ser. É mais ampla do que necessidades vitais. É através das inter-relações pessoais que o desenvolvimento psicológico se atualiza.

Orientação Não Diretiva

Outro conceito importante na abordagem de Rogers era sua crença de que o ser humano "tem dentro de si amplos recursos para autocompreensão, para alterar seu autoconceito, suas atitudes e seu comportamento autodirigido".

Em oposição a outros modelos de intervenção, Rogers propõe um modelo que acredita na autonomia e nas capacidades da pessoa, no seu direito de escolher qual a direção a tomar no seu comportamento e sua responsabilidade por ele. Desse modo, a não diretividade se refere à atitude do terapeuta ou facilitador de não direcionar a pessoa, pois ele deve confiar na capacidade de autodireção desta (por isso o termo "Centrada na Pessoa").

Ele considerava que é o próprio cliente que sabe de que sofre, em que direção deve ir, quais os problemas, que experiências foram profundamente recalcadas. Portanto, dar a direção é prejudicial à tendência atualizadora e, consequentemente, ao crescimento da pessoa.

Rogers usava a palavra "cliente" em vez do termo tradicional "paciente", por considerar que o ser humano não deveria ficar na condição passiva ao ser ajudado pelo outro, e sim numa posição participativa, pois tem a potencialidade para tal. O processo terapêutico se dá com o desenvolvimento de ambos os lados.

Esta significativa consideração de Rogers sobre o ser humano e sua potencialidade é exatamente como um bom coach olha para seu cliente, não como um ser passivo para "receber" orientação e soluções, mas como alguém que tem isso em seu interior e cabe ao coach instigá-lo e desafiá-lo a encontrar as respostas.

Uma vez apresentado o contexto e os conceitos centrais em que se insere a teoria de Carl Rogers e seu embasamento para a construção, vamos passar a nos concentrar nos aspectos de grupos e correlacionar com o trabalho de coaching de grupo:

1. Grupo de encontro e seu funcionamento;
2. Processo de desenvolvimento e transformação de grupo;
3. Recomendações de Roger para o papel de facilitador;
4. Principais conceitos de Rogers aplicados ao coaching de grupo.

1. Grupo de encontro e seu funcionamento

O termo "grupo de encontro" foi formalizado por Carl Rogers em 1977 como Personal Power. Porém essa nomenclatura foi evoluindo para outras denominações: aconselhamento não diretivo, psicologia não diretiva, psicologia centrada no cliente e abordagem centrada na pessoa.

Rogers relata sua experiência com grupos de encontro nos EUA a partir de 1978, com exemplos práticos e relatos diretos dos participantes, apontando os processos dos grupos, o papel do facilitador e os efeitos que esses grupos causaram nas pessoas e nas relações.

Do campo psicoterapêutico o grupo de encontro foi para as organizações, educação, grupos, resolução de conflitos e formação e desenvolvimento de culturas.

Não é uma teoria ou uma linha terapêutica, é uma abordagem, "um jeito de ser". Baseia-se na crença da potencialidade interna dos organismos (tendência atualizante) e no respeito pela individualização e singularidades humanas.

Origem e objetivos do movimento de grupos

Na opinião de Rogers, grupos de encontro eram a *"invenção social do século que mais rapidamente se difundiu, e provavelmente a mais forte"*. Os trabalhos ficaram conhecidos através de vários nomes: "T-Group" (treino em grupos), Grupo de Encontro, Treino de Sensibilidade, Workshops de Liderança, de Educação ou de Aconselhamento.

Antes de 1947, Kurt Lewin, psicólogo do MIT, foi um dos primeiros estudiosos a desenvolver um trabalho sobre o treino das capacidades em relações humanas, que serviu de base para o trabalho de Rogers e de outros autores.

Nessa época o NTL (*National Training Laboratories*) de Washington fez a primeira tentativa de uso na indústria, com foco nas gerências e diretorias. **Foram grupos de treino da capacidade das relações humanas.** A partir dos grupos, os dirigentes teriam maior capacidade de compreender a sua própria maneira de funcionar num grupo e no trabalho e poderiam melhorar a competência para lidar com relações interpessoais difíceis.

Outras modalidades de trabalhos com grupos foram sendo praticadas e sistematizadas e tiveram alguns outros objetivos:

- *T-Groups – para acentuar capacidades das relações humanas;*
- *Grupo de encontro básico;*
- *Sensitivity;*

- *Task Oriented Group;*
- *Sensosy awareness groups, body awareness group;*
- *Creativity Workshops;*
- *Organizacional development group;*
- *Team Building Group;*
- *Gestalt Group;*
- *Grupo Synanon ou Game – para tratamento de dependentes químicos.*

Todas essas modalidades, que foram sendo aplicadas pela indústria, educação e terapia, convergem para uma experiência intensiva de grupos, tendo sempre um facilitador ou líder para coordenar o processo grupal.

Com esses estudos e experiências percebeu-se que, independentemente do objetivo do grupo, se desenvolvia uma maior liberdade de expressão e redução de defesas dos participantes ao longo dos encontros. *"Cada membro caminha para uma maior aceitação de seu ser global – emotivo, intelectual e físico – tal como ele é, incluindo suas potencialidades".*

2. Processo de desenvolvimento e transformação de grupo

Somente aos poucos tornou-se evidente que o trabalho em grupo tinha o objetivo principal de cada membro encontrar caminhos para a relação com outros membros do grupo, para consigo próprio e assim se desenvolver.

Nos relatos de Rogers, em seus livros e gravações, ele descreve a experiência profissional com as pessoas com quem ele trabalhou nos grupos, identificando e sistematizando diferentes fases com características próprias, conforme a intensificação da relação grupal.

Rogers percebeu que o grupo começa com a fase de **hesitação**, quando, ao iniciar os encontros, o facilitador explica que se trata de um grupo com uma liberdade invulgar e ele, facilitador, não terá a responsabilidade de dirigir as pessoas. Então há a tendência de um período de silêncio, de cerimônia, de dificuldade para se colocar, a **hesitação**.

Rogers explicitou quinze fases, que vão desde a desconfiança, resistência à expressão, até a entrega, a confiança e a manifestação de mudanças de comportamento individual e do grupo. Os participantes fazem referências ao passado, expressam sentimentos negativos sobre o próprio grupo e participantes, iniciam a expressão de aspectos íntimos, entendimento do problema ou momento do outro, reconhecimento de necessidades de mudanças, feedbacks, confrontações, ajuda e encontros que geram as mudanças.

Em um processo de coaching em grupo nem sempre todas essas fases se manifestam e podem aparecer em ordem diferente. O importante é termos em consideração que essas situações, estágios emocionais e sentimentos podem aparecer e, como facilitadores, devemos estar preparados para compreender e acolher, dançar com o grupo nesse processo de integração do Eu com o grupo e inspirarmos a mudança.

3. Recomendações de Rogers para o papel de facilitador

Rogers confia no grupo para desenvolver suas próprias potencialidades, ele considera um grupo como um organismo que define a sua própria direção.

"A maneira como sirvo de facilitador é importante na vida do grupo, mas o processo de grupo é muito mais importante do que as minhas afirmações. Sinto-me responsável para com os participantes, e não por eles."

O facilitador deve **criar um ambiente de confiança e seguro** para os membros do grupo. **Escutar** com o máximo de cuidado quando cada membro do grupo fala ou se manifesta. Rogers se diz muito menos interessado nos detalhes do que se fala, mas se atenta muito mais no **significado da experiência relatada e nos sentimentos que despertaram.** É importante **aceitar o grupo** no ponto em que ele está. Não se deve forçar um grupo a entrar em um nível mais profundo.

Em 1980, quando foi divulgado o livro *Um jeito de ser*, Rogers enriquece suas observações e crenças acerca de seu papel de facilitador frente aos grupos, uma vez mais tomando como base sua própria experiência, falando sobre o que considerava essencial:

• Sentir alegria quando consegue realmente **OUVIR.** Isso significa colocar-se efetivamente em contato com alguém;

• Gostar de **SER OUVIDO**, sem ser julgado, diagnosticado, apreciado ou avaliado;

• Ser **VERDADEIRO**, entrar em contato profundo consigo mesmo, estar **ÍNTEGRO** – "o que está na consciência, está presente na comunicação" *(princípio da congruência);*

• Encontrar outros que não se escondem atrás de fachadas e falam "de dentro de si" – a coragem de uma pessoa ser **autêntica e honesta sobre sentimentos** permite que outros se aproximem psicologicamente dela;

• **Permitir que alguém se importe comigo**, me aceite e me considere;

• **Ter liberdade para dar e receber amor.**

4. Principais conceitos de Rogers aplicados ao coaching de grupo

a) Aceitação do indivíduo

Rogers permitia que os indivíduos do grupo permanecessem psicologicamente à margem. O grupo pode não aceitar que um indivíduo continue nessa posição, mas ele permitia, pois para ele o silêncio ou mudez no indivíduo era aceitável, desde que tivesse a certeza de que não fosse sofrimento inexpressivo ou resistência.

Aqui posso relatar uma experiência recente com um grupo que estava facilitando em uma empresa. O grupo se conhecia, trabalhavam juntos há algum tempo. Estavam em um processo de coaching em grupo para melhorar o relacionamento e as conexões. Os participantes do grupo eram coordenadores e todos tinham interdependência em suas atividades. Esse foi o objetivo principal do CEO da empresa para buscar maior integração e mais confiança entre eles. O projeto previa sessões em grupo e sessões individuais.

Na primeira reunião em grupo, um destacado profissional, de uma área cross na empresa, não se manifestava, não fazia perguntas, não trazia experiências. Por outro lado, um dos membros monopolizava todas as discussões, interrompia, desviava o assunto. Alguns profissionais o enfrentavam, outros foram se calando.

Como facilitadora, deixei o grupo seguir com sua dinâmica (vejam que aqui estou aceitando o grupo como ele está). Após o intervalo, no retorno perguntei: "<u>O que aconteceu conosco, pessoas e grupo, nesses primeiros sessenta minutos de trabalho?</u>" Silêncio!

Continuei perguntando de formas diferentes. E de repente o profissional que tinha ficado o tempo todo calado disse: "Não consigo pensar com tantas interrupções nas linhas de raciocínio que o grupo vai desenvolvendo. Me incomodam as interrupções. Acho que é um problema meu. Sinto que não estou aproveitando. Perguntei: "É um problema dele? O que acham?" (Vejam que acreditei na capacidade do grupo e das pessoas.) Em seguida outro: "Não é dele, para mim também é difícil... fico confuso". E mais outro. Novamente silêncio! Continuei: "Entendo vocês, eu também às vezes me perco" (percebam que coloquei meu sentimento – isso dá força à manifestação das pessoas).

Prossegui: "O que podemos fazer para nos ajudar a aproveitar melhor nosso tempo, nossas relações, nosso aprendizado mútuo? Podemos fazer algum acordo de funcionamento?" Várias vozes: "Siiiiiiimmmmmmmm!"

Perguntei: "Qual?" E o mesmo profissional que tinha ficado mais calado disse: "E se combinássemos que, para interromper o outro, levantássemos a mão e esperássemos a liberação pelo facilitador? Assim o raciocínio não seria interrompido". Discutimos e aprimoramos a sugestão. Criamos um cartão verde e quando alguém queria falar o levantava, não podia interromper, e eu ia coordenando as participações. Vejam, o grupo se autorregulou. Ele tem essa capacidade! Seguimos com melhor participação.

Rogers acreditava que o grupo poderia resgatar o indivíduo através de aceitação e encontro. Rogers reagia mais **a sentimentos do presente** do que a afirmações do passado.

Porém cabe ao facilitador instigar a pessoa a "chegar" no grupo e se inserir como "ser único", para isso a aceitação.

Temos que observar a conexão deste conceito, do presente e futuro, com a orientação central do coaching. O coach não se prende ao passado e sim daqui para frente e como planejo e executo esse caminho. Além do aspecto de aceitação plena.

b) Compreensão empática

É muito importante a tentativa de compreender o **significado exato do que uma pessoa está comunicando.** Depois de uma descrição complicada, Rogers tentava retornar à comunicação, para entender o seu significado. Dizia que isso esclarecia a mensagem para quem fala e para os outros membros do grupo.

Quando a discussão terminava em generalidades ou quando se intelectualizava, Rogers selecionava os significados referentes à própria pessoa no meio do contexto.

c) Atuando segundo o que sinto

Rogers aprendeu a usar seus próprios sentimentos tal como estavam no momento, tanto em relação ao grupo quanto em relação a uma pessoa do grupo.

Procurava exprimir os *sentimentos quando eram persistentes*, mas não logo que emergiam.

Confiava nos seus sentimentos, impulsos, palavras que emergiam. Rogers conseguia exprimir constantemente níveis mais profundos de sentimentos na medida em que tomava consciência e funcionava melhor quando seus próprios sentimentos entravam em relação imediata com outro participante.

d) Confrontação e feedback

Rogers gostava de confrontar as pessoas com sentimentos que considerava como seus. Condenava atacar a defesa de um indivíduo ("Você está sendo muito intelectual porque tem receio de seus sentimentos"). Se a racionalização da pessoa o irritava, gostava de enfrentá-la com a irritação e frustração que existiam nele mesmo.

Para confrontar alguém preferia usar material específico fornecido pelo próprio participante.

Temos que considerar que os aspectos c) e d) precisam ser olhados com cuidados em um processo de coaching em grupo. O coach não confronta, ele acolhe, explora, instiga, pergunta, mas dessa forma também está fazendo com que o próprio coachee se confronte e encontre respostas alternativas. Mas quando o coach está confirmando um entendimento também pode e deve expressar o sentimento que aquilo está despertando nele, coach, não como uma confrontação, mas como um compartilhar. Isso pode trazer o coachee a entender situações despertadas nos outros a partir de suas ações ou expressões.

e) Evitar planejamento e os exercícios

Rogers evitava qualquer processo "planejado", pois tinha verdadeiro horror ao artificialismo. Acreditava que a espontaneidade era o elemento mais precioso e eficaz.

f) Evitar comentários interpretativos ou do processo

Rogers evitava ao máximo fazer comentários sobre o processo do grupo. Esses comentários poderiam ser interpretados como se não estivesse olhando os indivíduos, e sim tratando os membros como uma massa única. Se houvesse comentários, era melhor que fossem de um dos membros. Evitava comentar o que poderia estar por trás de um comportamento de uma pessoa. Uma interpretação para ele sobre a causa do comportamento individual só poderia ser hipotética.

g) Potencialidade terapêutica e construtiva do grupo

Rogers acreditava na capacidade terapêutica e de crescimento do grupo e em algumas situações críticas quando alguém parecia ter um comportamento perturbado ou patológico, ele contava com os membros do grupo para serem tão terapeutas quanto ele. Acreditava que existe um enorme potencial de ajuda no grupo, ou seja, de pessoas que não eram profissionais, mas que faziam parte de um grupo.

h) Movimento e contato físico

Acreditava no movimento espontâneo tanto do facilitador quanto dos membros do grupo.

Aprendeu a lidar com contato físico quando este parecia ser espontâneo, verdadeiro e apropriado. Relata que houve um caso em que ele consolou uma jovem que chorava muito com um abraço, mas que isso não era um comportamento que procurava promover conscientemente.

Existem vários meios físicos que podem ser estimulados pelo facilitador, por exemplo, a comunicação não verbal, e ele relata exemplos de sua filha Anne e netas, que também foram facilitadoras de grupos.

E, por fim, Rogers identificou em seus registros das experiências com grupos alguns **comportamentos que poderiam interferir negativamente** no andamento de um grupo:

- Membros que querem fazer publicidade de seus conhecimentos;
- Quando o facilitador impõe, manipula ou cria regras;
- Quando o facilitador avalia o êxito ou fracasso do grupo pelo dramatismo;
- Quando o facilitador acredita apenas em uma única técnica como elemento essencial no processo de grupo;
- O facilitador que faz interpretações dos motivos e causas dos comportamentos;
- O facilitador que se recusa a participar emocionalmente do grupo, que se mantém totalmente à distância como perito com conhecimento superior.

Qual o impacto de Carl Rogers ainda hoje?

Vivemos o momento de crises econômica, social, política, geográfica, ecológica e humana, em que os valores "do individual" e "do coletivo" tendem a desaparecer em prol dos interesses macroeconômicos, em que o indivíduo só é valorizado pelo que possui, por suas conquistas explícitas e por suas imagens divulgadas.

A vida deixou de ter um valor único e interior, e seu valor é exercido através da exposição social e não da realidade vivenciada, que é subjetivada, tornando as pessoas sem propósito. **A mensagem de Rogers parece-nos indispensável para o retorno ao individual, ao pessoal e ao grupo, como coletivo.**

O encontro com o outro no encontro no grupo nos ajuda como coaches a instigar os clientes para que foquem em si, descubram sua real pessoa, o seu propósito e o que dá

O poder (transformador) do grupo

sentido ao social, numa posição profundamente ecológica, holística e humanista.

Nos grupos de encontro, o chamado "encontro básico" é o contato mais diretamente ligado a uma maior intimidade social, quando o indivíduo se esforça ou sofre com um problema e o grupo o ajuda. Rogers diz que, quando existe a livre expressão dos sentimentos e eles são irrestritamente aceitos, acabam por trazer a positividade e a irmanação entre os participantes.

Isso acontece cada vez que as reuniões prosseguem em mútua confiança, com o desenvolvimento de um maior compromisso afetivo do grupo.

O desenvolvimento da confiança acaba por gerar uma maravilhosa e real solidariedade entre os indivíduos, mudando a postura e o gestual, concluindo por se tratar das variadas e significativas mudanças vivenciadas.

A experiência de grupo não é um fim em si, mas seu significado é mais importante quando reside na influência que tem sobre o comportamento mais tarde, fora do grupo. É onde se constatam as verdadeiras mudanças e influências na vida de cada indivíduo e no funcionamento do grupo.

Nas empresas é significativa a mudança na qualidade da comunicação, na confiança, no apoio, no acolhimento, no aprendizado e no crescimento como grupo e como pessoas, levando à criatividade, solução, dissolução de conflitos e inovação.

Nunca na história a solidão pertenceu a tantos. Numa era em que as máquinas substituem progressivamente o ser humano em todos os campos de atuação, a solidão vem se colocar como algo quase que irremediável na vida das pessoas.

Nesse aspecto, a Internet e as mídias sociais vieram preencher um espaço na vida contemporânea, mas criaram outra questão: uma nova forma de solidão e relacionamento no domínio digital – impessoal e frio –, moldando um novo *modus operandi* de comportamento social.

Na experiência de um grupo de encontro pode residir também a solução para a solidão e para a ausência de relacionamento com os outros. Ao indivíduo resta a solução de arriscar-se a tentar um contato humano direto, despindo-se da armadura que vestiu para se proteger das armadilhas da vida, aliviando-se de sua inevitável solidão e compartilhando-a com outros indivíduos, mostrando, de forma digna, aspectos de sua personalidade que antes o envergonhavam.

Com isso os participantes do grupo mostrarão mais interesse pelo eu verdadeiro – com todas as imperfeições que possa ter – do que pela armadura construída ao longo dos anos.

Tivemos até aqui um volume significativo dos conceitos que norteiam os processos de grupo e dos grupos de encontro, como Rogers os chamava. Espero ter instigado o interesse e a reflexão sobre se aprofundar nesses temas.

Como coaches precisamos estar abertos a ampliar as abordagens no manejo de coaching em grupos ou individual, focando o desenvolvimento dos grupos e das pessoas. Temos o compromisso de promover o encontro da pessoa com seu eu verdadeiro.

Glossário

Fenomenologia: surgiu no final do século XIX e início do século XX, na Alemanha, com Edmund Husserl, influenciado pelo pensamento de Platão, Descartes e Bretano. Consiste no estudo dos fenômenos, daquilo que aparece à consciência, buscando explorá-los tal como são, sem influência de explicações cientíﬁcas ou análises reﬂexivas e complexas. Visava superar a oposição entre o objetivismo e o subjetivismo.

Humanismo: seu precursor foi Abraham Maslow, na década de 50, trazendo o conceito da pirâmide das necessidades humanas. Foi uma corrente de pensamento que considerava ideias ﬁlosóﬁcas, morais e estéticas que valorizavam o homem como centro. A crença de que Deus era o centro do universo foi convertida na aceitação de que o ser humano era o foco e capaz de uma postura ativa e inventiva, e não contemplativa, e de usufruir de seu mundo e de seu tempo.

Existencialismo: iniciou em meados do século XIX na França a partir das ideias dos ﬁlósofos Kierkegaard (dinamarquês) e Sartre (francês). É uma doutrina ﬁlosóﬁca centrada na análise da existência e do modo como os seres humanos têm existência no mundo. Visa encontrar o sentido da vida, através da liberdade de escolha e responsabilidade pessoal. Prega que o ser humano é um ser que possui toda a responsabilidade por meio de suas ações.

Abordagem Centrada na Pessoa ou Terapia Centrada na Pessoa: forma de entender o ser humano como o ponto central de sua própria história. A pessoa tem a liberdade, intrínseca a ela, de fazer as suas próprias reﬂexões e chegar a conclusões únicas para si. É uma abordagem e uma forma terapêutica que incentiva a autonomia no processo de busca de soluções, ações e verdades.

Orientação Não Diretiva: quando o facilitador de um grupo ou de um atendimento individual acredita que o ser humano tem recursos para sua autocompreensão, para fazer escolhas, identiﬁcar caminhos e adaptar seu comportamento, sem que isso lhe seja dirigido ou indicado por outro. Esta abordagem acredita na autonomia da pessoa no seu direito de escolher qual direção tomar no seu comportamento e acredita também na sua responsabilidade por essa escolha.

Tendência Atualizante: conceito trazido por Rogers, central para a Abordagem Centrada na Pessoa. Caracteriza-se por ser uma capacidade inerente em todo o ser vivo para buscar o seu crescimento, a sua atualização e o que é melhor para si. "Todo organismo é movido por uma tendência inerente de desenvolver todas as suas potencialidades e desenvolvê-las de maneira a favorecer sua conservação e enriquecimento."

Grupos de encontro: abordagem de facilitação para grupos, visando ao desenvolvimento. Centra-se na dinâmica própria das pessoas e das suas interações. O grupo se autorregula e tem responsabilidade própria pelo seu crescimento. Nessa abordagem o facilitador cria o ambiente seguro e de suporte para que os participantes se expressem abertamente, compartilhem seus sentimentos, opiniões e experiências de forma a construírem crescimento pessoal e coletivo. O facilitador oferece um ambiente de apoio e aprendizado.

Bibliografia

ROGERS, Carl Ransom. *Grupos de encontro*. São Paulo: Martins Fontes, 1978.

ROGERS, Carl Ransom. *Um jeito de ser*. São Paulo: EPU, 1983.

ROGERS, Carl Ransom. *Terapia Centrada na Pessoa*. São Paulo: Martins Fontes, 1974.

ROGERS, Carl Ransom. *Tornar-se pessoa*. São Paulo: Martins Fontes, 1961.

Marcel Ferrada

Educação:
um campo de atuação
do coach

"Eu quero desaprender para aprender de novo. Raspar as tintas com que me pintaram. Desencaixotar emoções, recuperar sentidos."

Rubem Alves

Marcel Ferrada

Psicólogo, com pós-graduação em Administração de Empresas com ênfase em Recursos Humanos, pós-graduação em Tecnologia da Informação, Mestrado em Administração de Empresas, Doutorando em Psiquiatria e Psicologia Médica na UNIFESP, Pesquisador no LINC (Laboratório Interdisciplinar de Neurociências) e na Epigenética (UNIFESP – EPM). Professor adjunto na Universidade Paulista, Estácio de Sá, USCS, nos cursos de graduação, pós-graduação e MBA. Na UNIFESP em cursos de extensão como professor convidado. Coordenador em programas de pós-graduação. Membro fundador do GEC-CRA-SP. Mais de trinta anos atuando em todos os subsistemas de RH. Escritor, tradutor, palestrante, coach e conselheiro. Assessor pedagógico na Somos Educação.

Contatos:
+55 (11) 99905-5186
profmarcelferrada@gmail.com
https://www.linkedin.com/in/marcel-ferrada-64a75927/   https://www.facebook.com/friends/requests/?profile_id=100040359543942

O contexto

Importante situar o contexto que contribuiu para estabelecer o Mindset do professor, sem o qual o trabalho ou intervenção poderia se tornar ineficaz ou limitado, se não levado em consideração.

Todos conhecem uma história que envolve um professor e a sua maneira de inspirar com a forma única de explanar os assuntos, os temas, a disciplina. Também é fácil evocar uma memória. Faça o teste e pergunte para alguém próximo sobre um(a) professor(a) do Ensino Fundamental, anos iniciais, e acredite que ele vai lembrar. Alguns poderão ainda dizer que se tornaram professores por causa do exemplo daquela pessoa.

Pode-se resgatar a história indo para os pioneiros da educação e lá se encontrará a esposa ou a filha, ou ambas, que assumiram a educação dos filhos e dos trabalhadores da fazenda, alfabetizando-os, e essa atividade será entendida ou vista como uma doação.

As mulheres ou filhas de pessoas financeiramente bem-posicionadas na sociedade se envolviam em atividades filantrópicas e não tinham sequer quaisquer preocupações com as finanças.

Alguém vai se lembrar dos Normalistas. Vale dizer que na sua origem, século XIX, contemplava tão somente as mulheres, mas tempos depois começou a aceitar homens. Neste curso, recebiam conhecimentos teóricos e práticos sobre educação, desenvolviam suas habilidades pedagógicas e didáticas para atuar em sala de aula. Contudo a sua abordagem se limitava à sala de aula, envolvendo metodologias, didáticas, e me atrevo ainda a afirmar que pouco ou nada era voltado para o entendimento do funcionamento de grupos, manejo e dinâmicas das relações. Alguns vão defender a ideia de que esses assuntos eram e são tratados não como disciplina, mas como tópicos dentro das disciplinas, o que o relega, no meu entender, para segundo plano. E o formando sempre ouvia dentro da sala de aula que o professor é soberano. Portanto, a ideia de ser um trabalho desconectado das interações, já que se for pensar no especialista, o que poderia trocar um professor de educação física com o professor de matemática? A preocupação estava voltada para o conteúdo e a pressão para o cumprimento dos prazos, de acordo com o previsto no programa.

Alguém conhece um professor conteudista?

Não quero, com isso, dizer que o que se faz até o momento é sem importância. Quero dizer que há necessidade de apresentar outras formas de atuar, considerando a nova realidade que se impõe ao profissional da educação, que é se adaptar aos novos tempos. Casos como a inclusão de Neurotípicos e Neurodivergentes nas salas de aula, para o que não houve e não se tem contemplado o conhecimento nem o manejo, o que impõe a frequência de cursos como Neuropedagogia em nível de pós-graduação.

O poder (transformador) do grupo

Deve-se considerar que o professor, recentemente, teve que se reinventar alterando os formatos que até então estavam vigentes ao longo do tempo: a sala de aula, lousa e giz, exigindo uma rápida adequação e adaptação, além do confinamento, o qual o obrigou a conhecer e dominar ferramentas digitais para conseguir chegar aos alunos em seus lares, com toda a dificuldade e sem contar com estruturas que facilitassem a sua atuação. Alguns sucumbiram emocionalmente ao esgotamento dos seus recursos internos para administrar a nova realidade. Outros, exauridos, ansiavam por apoio e acolhimentos no retorno, o que nem sempre foi suprido a contento.

Na verdade, pouco ou nada foi feito para blindar o professor e ajudá-lo a atravessar esse desafio imposto por uma situação para a qual sequer estava preparado e que em pouco tempo teve que estar pronto para enfrentar. E ao retornar às suas atividades presenciais, ainda inseguro e sem saber ao certo se estaria protegido. Isso mesmo antes de outras categorias retornarem aos seus postos de trabalho.

Retraído e pouco afeito a estabelecer contato com os seus colegas, já que o medo ainda pairava no ar, voltou a se enclausurar na sala de aula e de lá, praticamente, se encaminhando para a saída ao término da sua jornada de trabalho; quanto menos contato melhor e, como num círculo vicioso, o professor e os seus alunos, os alunos e seu professor.

O perfil do professor

As pesquisas existentes sobre o perfil e características do profissional que adere à carreira de professor identificam alguns aspectos comuns:

- Alta motivação pela atividade de ensino: profissionais que escolhem ser professores geralmente têm uma paixão pelo ensino e pelo compartilhamento de conhecimento.

- Identificação com a área de conhecimento: é comum que os professores se identifiquem com a área de conhecimento em que atuam, demonstrando interesse e conhecimento aprofundado em suas disciplinas.

- Habilidades de comunicação e facilidade de expressão: um bom professor deve ter habilidades de comunicação claras e eficazes, além de ser capaz de se expressar de forma acessível e cativante para os alunos.

- Aprendizado contínuo e atualização: os professores precisam estar comprometidos com o aprendizado contínuo e com a atualização constante de seus conhecimentos, a fim de oferecer uma educação de qualidade aos alunos.

- Paciência e dedicação: a paciência é uma qualidade essencial para lidar com os desafios que surgem no ensino, assim como a dedicação e o comprometimento com os alunos e com o processo de ensino-aprendizagem.

- Flexibilidade e adaptabilidade: professores devem ter a capacidade de se adaptar a diferentes situações, necessidades e estilos de aprendizagem dos alunos, moldando suas estratégias de ensino de acordo com as demandas do ambiente escolar.

- Empatia e sensibilidade: a empatia e a sensibilidade são características importantes para compreender as dificuldades e necessidades dos alunos, permitindo que o professor se coloque no lugar deles e ofereça um apoio adequado.

Em geral, essas características variam dependendo do nível educacional em que o professor atua e das especificidades da área de ensino. No entanto, é importante ressaltar que cada professor é único e pode ter outras características individuais além das recém-mencionadas e, ainda, que existe uma gradação para mais ou para menos dependendo de cada professor.

Os desafios da formação do professor

Embora exista na Base Nacional Comum Curricular (BNCC) – Resolução CNE/CP nº 1, de 27 de outubro de 2020 –, que trata da promoção da formação inicial, continuada e a capacitação dos profissionais do magistério, há barreiras que dificultam o acesso aos recursos disponibilizados e a atuação de maneira integrada, como:

• Falta de tempo: muitas vezes, os professores têm uma carga horária muito pesada e não têm tempo suficiente para se envolver em atividades de formação e pouco ou de maneira burocrática participar em celebrações e eventos típicos como festa junina, semana da Pátria, semana da criança, Dia das Mães, entre outros, e, quando o fazem, não atuam em equipe ou em atividades de forma colaborativa.

• Diferenças de opinião e conflitos interpessoais: professores podem ter visões e abordagens diferentes em relação ao ensino, o que pode levar a conflitos e dificuldades em trabalhar em equipe.

• Falta de suporte e recursos: alguns professores podem não ter o apoio necessário da escola ou das autoridades educacionais para promover um trabalho em equipe eficaz. Além disso, a falta de recursos e materiais adequados também pode dificultar a colaboração entre os professores, além dos mantenedores acreditarem que essas atividades são do escopo da função do professor e tratarem como obrigação ou voluntariado, não havendo nenhum tipo de remuneração pelas horas extras.

• Competição entre colegas: em vez de trabalhar em colaboração, alguns professores podem se sentir competitivos entre si, o que dificulta a formação de equipes e a partilha de experiências e conhecimentos.

• Falta de oportunidades de desenvolvimento profissional: quando os professores não têm acesso a oportunidades de formação continuada ou desenvolvimento profissional, pode ser difícil para eles adquirir novas habilidades e conhecimentos necessários para trabalhar em equipe de forma eficaz, associado à falta de tempo e sobrecarga de trabalho, isso quando somado à tríplice jornada.

• Falta de reconhecimento e valorização: se os professores não se sentem valorizados ou reconhecidos pela sua contribuição e trabalho em equipe, podem ter menos motivação para se engajarem nesse tipo de atividade; por sua vez, em instituições onde os profissionais têm uma visão ampla do compromisso com o coletivo no que tange às entregas e ao sucesso no atingimento das metas estabelecidas, sendo inclusive negociadas com a equipe e todos são beneficiados, há aumento do engajamento. A ideia também quanto ao compromisso de contribuírem para o sucesso da escola poderá impactar o número de matrículas e por sua vez no acréscimo de salas de aula, impactando o aumento da jornada de trabalho e produtividade.

• A dificuldade dos pais e tutores em acessar a importância de um trabalho específico pode dar a falsa ideia de que estes, por desconfiança, não aceitarão ou serão refratários às escolhas por parte dos professores. Como exemplo, o pai chega na escola e descobre que o seu filho está com uma auxiliar de classe em vez do professor, o qual se encontra em uma reunião. A falta de confiança na escola e/ou profissional pode acarretar descontentamento com a escola.

• Quando se comenta a falta de reconhecimento, ela também engloba a remuneração baixa. Fica a ideia que já se faz muito para o que se recebe e aí pode haver falta de comprometimento ou resistência em querer aderir a novas demandas ou desafios. Comungar dessa ideia de baixa remuneração pela direção e/ou coordenadores, de que é uma verdade, impede de fazer exigências para solicitar a participação em novas demandas. Também nessa situação não é raro encontrar a crença de que pedir algo além do escopo, já internalizado pelo professor, pode aumentar o nível de insatisfação do professor e este decidir não mais querer fazer parte da equipe, o que culminaria com o pedido de demissão, criando dificuldades para se repor o profissional pela escassez de professores, a depender da região do país onde a escola se encontra.

Creio ter dado um panorama do profissional na carreira de professor e ter abordado situações que podem e devem ter influenciado em moldar o perfil e as características pessoais para mais ou para menos, para o bem e para o mal. E com seriedade, então, deve-se levar em consideração o trabalho do coaching em grupo neste segmento que forma cidadãos para o mundo.

O coaching em grupo para professores

Considerando que é muito provável que a origem, as crenças, os valores, os princípios e a postura do professor possam ter tido influência na forma de se portar, relacionar e contribuir no exercício das suas atribuições, devem ser notadas em sua relevância as linhas que precederam este parágrafo.

É essencial que as instituições de ensino forneçam suporte e recursos adequados para superar esses obstáculos e promover um ambiente de trabalho colaborativo e de equipe para os professores.

Uma vez que se sabe que alguns aspectos podem interferir no trabalho e, por consequência, nos resultados, vamos a duas intervenções realizadas com profissionais em instituições diferentes.

As intervenções – mudança de cultura e de hábitos

O trabalho envolveu o treinamento e desenvolvimento da equipe escolar como um todo e dos professores em particular para a implantação de um programa internacional de competências socioemocionais, presente em mais de setenta países e, no Brasil, em 10% das escolas, até este momento. O programa promove uma mudança de cultura.

Assim, o treinamento para todos os profissionais da escola ocorreu em dois dias em período integral, sendo passados nesses dias os fundamentos do programa. No terceiro dia, com carga reduzida para meio período somente para professores, a abordagem era como trabalhar os princípios em sala de aula com os alunos e as tarefas que deveriam ser realizadas durante todo o período do ano escolar e, assim, sucessivamente ocorriam os treinamentos com outros desafios e tarefas nos próximos anos subsequentes. Após esse treinamento, um outro era agendado para formar e informar uma pequena equipe de professores, que poderia variar entre seis e doze componentes que seriam os responsáveis por acompanhar, dirigir, estimular e instigar os demais colegas na condução, respeitando o cronograma de tarefas estabelecido pelo grupo.

O trabalho envolveu mudança de cultura e de hábitos, seguindo uma régua com tarefas definidas e distribuídas ao longo de alguns anos. Assim, a direção e a realização foram determinadas pelo grupo, ou seja, trabalho colaborativo e de parcerias com objetivo comum, contribuindo no desenvolvimento de competências socioemocionais dos alunos da sua escola.

Posteriormente foram marcadas reuniões de acompanhamento para avaliar a evolução e celebrar os avanços. Usamos a ferramenta Plus Delta para identificar as realizações e para encontrar pontos de melhoria.

Na sequência, definir e preparar o trabalho de um grupo de profissionais da escola para conduzir, aconselhar e acompanhar, já que este grupo se torna soberano na decisão do ritmo e da direção que a escola tomará. Para isso, deverão considerar o momento da escola, as tarefas dos colegas e demais atribuições, com parcimônia e empatia, sem encavalar ou sobrecarregar.

A Teoria de Grupos Operativos, de Pichon Rivière

Para as reuniões, escolheu-se como referência central a Teoria de Grupos Operativos, de Pichon Rivière, cuja ênfase é no trabalho em grupo como meio de promover mudanças e transformações individuais e coletivas. Segundo essa teoria, os grupos operativos são espaços de encontro e reflexão em que os participantes têm a oportunidade de compartilhar suas experiências, expressar seus sentimentos e pensamentos e se relacionar de forma mais autêntica e genuína.

O objetivo dos grupos operativos é promover a ampliação da consciência e a aprendizagem mútua, permitindo que os membros do grupo possam compreender suas dificuldades, conflitos e potencialidades através da interação com os demais. Assim, esses grupos servem como uma ferramenta para trabalhar questões emocionais, cognitivas e comportamentais, auxiliando os indivíduos a se conhecerem melhor e a desenvolverem habilidades e competências para lidar com as demandas.

Dessa forma se estaria abordando a questão da individualidade, competição e/ou desgaste dos relacionamentos, caso houvesse. Pois, ao não se trabalhar essas questões, estariam se mantendo veladamente os motivos que poderiam comprometer a disponibilidade, a motivação e a colaboração. Seria o mesmo que enxugar gelo. E para deixar evidente, se batia na tecla de que juntos são mais fortes, repetido como um mantra.

Ter a percepção de ser um grupo qualificado com objetivos definidos e que fazem a diferença, ou seja, eles internalizaram os conceitos, os princípios e estabeleceram uma visão de longo prazo e o que enxergam é algo atrativo do qual querem fazer parte. Eles percebem o ganho para todos, para si, para o outro e para o coletivo. Eles percebem que se está deixando um legado.

A técnica de grupos operativos é baseada na ideia de colocar o grupo em ação, através de atividades práticas e colaborativas. Isso pode ajudar a despertar o interesse e engajamento dos participantes, estimulando a cooperação. Ao propor tarefas que exigem trabalho em equipe, é possível promover a colaboração e identificar os pontos fortes de cada membro do grupo.

O poder (transformador) do grupo

Além disso, a Teoria de Grupos Operativos também enfatiza a importância do papel do coordenador (ou líder) do grupo, que tem a função de mediar as interações e promover um clima de respeito, acolhimento e confiança entre os membros. O coordenador estimula a participação de todos, incentiva o diálogo e a escuta ativa, e propõe atividades e reflexões que permitam a cada membro a expressão de seu potencial criativo e crítico.

Em resumo, coloca o trabalho em grupo como um meio eficaz de promover a transformação individual e coletiva, permitindo o desenvolvimento de competências emocionais, cognitivas e sociais.

A Teoria de Campo de Forças, de Kurt Lewin

Outro embasamento que contribui para o trabalho de orientação é a Teoria de Campo de Forças, de Kurt Lewin. A teoria consiste em entender o comportamento humano como resultado das forças que atuam em um determinado campo psicológico.

Segundo Lewin, essas forças podem ser divididas em forças de direção e forças de resistência. As forças de direção são aquelas que impulsionam uma pessoa ou grupo a agir em uma determinada direção, enquanto as forças de resistência são aquelas que dificultam ou impedem a mudança.

Através dessa abordagem, o comportamento humano é resultado da interação entre essas forças e, para promover a mudança, é necessário aumentar as forças de direção e reduzir as forças de resistência. É importante considerar a importância do ambiente social e físico na influência do comportamento humano.

Ajuda na condução do grupo a roda de conversa, que promove um espaço de diálogo aberto, onde cada membro do grupo possa expressar suas opiniões e preocupações. É fundamental para criar um ambiente de colaboração. A roda de conversa permite que todos se sintam ouvidos e respeitados, criando uma atmosfera propícia para a transformação das relações interpessoais.

Foi usada essa abordagem com o grupo para definir vontades, anseios, facilidades e dificuldades para estabelecer metas e caminhos para se chegar aos resultados e o que caberia a cada um. E, também, se seria possível realizar o que se esperava ou se seria necessário contar com ajuda para atingir o esperado, no prazo estipulado e combinado pelo grupo.

Se as questões consideradas restritivas, como insatisfação com o salário, dificuldade de relacionamento com a coordenação, tratamento recebido, falta de recursos e de materiais de trabalho, se sobrepusessem às forças impulsoras, como disponibilidade, tempo e desejo de mudança e relacionamento com os pares, nenhuma transformação aconteceria no ambiente.

A atuação do coach

Se essas questões não são administradas e identificadas pelo condutor do grupo e equacionadas, não haverá avanços, em comparação a outras equipes onde tais questões tenham sido trabalhadas. Se o coach não se atentar, corre o risco de ter adesão externa (da boca para fora), superficial e centralizada na pessoa, visto que os indivíduos competitivos desejam acima de qualquer questão fazer com que as suas ideias prevaleçam em detrimento do grupo. Facilitar que o grupo atue de forma uníssona determinará o sucesso ou fracasso.

O coach deve atuar considerando que o grupo precisa se conscientizar sobre as necessidades individuais e valorizar as habilidades de cada participante, podendo ajudar a construir um ambiente mais sinérgico e produtivo. Isso pode ser alcançado através da valorização das contribuições individuais, oferecendo apoio e reconhecimento e estimulando a participação ativa de todos. Quando os objetivos e metas são identificados e combinados pelo grupo, é forte a energia empenhada por cada um para a sua realização. O sucesso é possibilitar que o grupo perceba que reúne as condições para a realização dos objetivos, assim como é importante a celebração a cada avanço.

Uma outra questão significativa é fazer um rodízio entre as posições pelos demais membros da equipe escolar, considerando que o que se quer é desenvolver em todos as habilidades essenciais, e não apenas focalizar em um grupo específico.

Conclusão

"Ensinar é um exercício de imortalidade. De alguma forma continuamos a viver naqueles cujos olhos aprenderam a ver o mundo pela magia da nossa palavra. O professor, assim, não morre jamais..." Rubem Alves

O professor enfrenta desafios significativos em seu trabalho, incluindo a necessidade de se adaptar rapidamente a novas realidades, como o uso de ferramentas digitais e a inclusão de estudantes neurodivergentes. Além disso, os professores têm sido pouco apoiados e enfrentam dificuldades emocionais e de interação social, especialmente durante a pandemia. O papel do professor muitas vezes é limitado à sala de aula, com foco no cumprimento de programas e prazos, em vez de abordar de forma abrangente o funcionamento dos grupos e as dinâmicas das relações. O coaching em grupo pode ser uma estratégia eficaz para lidar com os desafios enfrentados pelos professores. Estes enfrentam barreiras, como falta de tempo, diferenças de opinião, falta de suporte e recursos, competição entre colegas, falta de oportunidades de desenvolvimento profissional, falta de reconhecimento e valorização, dificuldade dos pais e tutores em acessar a importância do trabalho e baixa remuneração. O coaching em grupo pode ajudar os professores a superarem essas barreiras, fornecendo suporte e recursos adequados, promovendo um ambiente de trabalho colaborativo, oferecendo oportunidades de desenvolvimento profissional e valorizando o trabalho dos professores. Além disso, o coaching em grupo pode ajudar os professores a desenvolverem habilidades socioemocionais, que também são importantes para o trabalho docente.

Em resumo, a Teoria de Grupos Operativos, de Pichon Rivière, e a Teoria de Campo de Forças, de Kurt Lewin, aliadas à atuação do coach, fornecem uma base sólida para promover mudanças e transformações individuais e coletivas. Ao enfatizar o trabalho em grupo, a valorização das contribuições individuais e o estabelecimento de objetivos consensuais, é possível criar um ambiente sinérgico e produtivo, estimulando o desenvolvimento de habilidades essenciais em todos os membros da equipe escolar. Dessa forma, é possível alcançar a ampliação da consciência, o fortalecimento dos relacionamentos e o alcance de resultados positivos, deixando assim um legado que perdure e tenha um impacto duradouro.

Glossário

Campo de Força: é utilizado em diversas áreas, como física, psicologia e jogos de estratégia. Refere-se a uma área ou espaço onde ocorrem forças diferentes que atuam sobre um objeto, pessoa ou situação.

Grupos Operativos: metodologia psicossocial desenvolvida por Pichon Rivière, que busca promover o desenvolvimento e o bem-estar dos indivíduos por meio de grupos de trabalho e reflexão.

Normalistas: formados de nível médio preparados para serem professor de séries iniciais da Educação Infantil ao quinto ano do Ensino Fundamental. O início do curso se deu no século XIX.

Neurotípicos: pessoas que possuem um desenvolvimento neurológico considerado "típico" ou dentro dos padrões normais, ou seja, pessoas sem transtornos de neurodesenvolvimento, como o Transtorno do Espectro Autista (TEA) ou TDAH, por exemplo.

Neurodivergentes: pessoas que apresentam um funcionamento neurológico diferenciado do que é considerado "típico", como indivíduos com Transtorno do Espectro Autista (TEA), TDAH, dislexia, entre outros.

Ferramenta Plus Delta: técnica de feedback utilizada para identificar o que está funcionando bem (plus) em uma situação ou processo, bem como o que pode ser melhorado (delta). É uma forma de buscar o aprimoramento contínuo e a aprendizagem coletiva.

Competências socioemocionais: habilidades e capacidades relacionadas à inteligência emocional e ao convívio social saudável. Envolvem competências como empatia, autorregulação emocional, habilidades de comunicação, trabalho em equipe, resolução de conflitos, entre outras.

Mindset: maneira de pensar ou atitude mental de uma pessoa, que influencia sua percepção, comportamento e ações. Inclui crenças, atitudes e suposições que moldam os pensamentos e ações de uma pessoa. A mentalidade de uma pessoa pode ser fixa ou orientada para o crescimento, o que afetará a forma como ela aborda os desafios, contratempos e oportunidades na vida. Uma mentalidade fixa acredita que habilidades, talentos e inteligência são inerentes e não podem ser alterados ou desenvolvidos. Por outro lado, uma mentalidade construtiva acredita que habilidades, talentos e inteligência podem ser desenvolvidos e melhorados por meio de esforço, aprendizado e perseverança.

Bibliografia

HERSEY, P.; BLANCHARD, K. H.; JOHNSON, D. E. *Management of organizational behavior*: Leading human resources. New York: Pearson Prentice Hall, 2008.

HERSEY, P.; BLANCHARD, K. H. *Psicologia para administradores*. 1. ed. São Paulo: EPU, 1992.

KOLB, D. A. *Experiential learning*: Experience as the source of learning and development. New York: Prentice-Hall, 1984.

PIMENTA, S. G. Pedagogia, pedagogos e formação de professores. São Paulo: Cortez Editora, 1999.

COVEY, S. *Os 7 hábitos das pessoas altamente eficazes*. São Paulo: Best Seller, 2015.

WAGNER, J. A.; HOLLENBECK, J. R. *Comportamento organizacional*: criando vantagem competitiva. São Paulo: Saraiva, 2009.

Isabel C. Franchon

Coaching em grupo: holístico, sistêmico, integral

"O ser humano é parte de um todo que chamamos de universo, uma parte limitada no tempo e no espaço. Ele vê a si mesmo, seus pensamentos e sentimentos como algo separado do resto, uma espécie de ilusão ótica da sua consciência. Essa ilusão ótica é uma espécie de prisão para nós, restringindo-nos a nossos desejos e afeições pessoais. Nossa tarefa é nos libertar dessa prisão, aumentando a amplitude da nossa compaixão, para abarcar todas as criaturas vivas e toda a natureza em sua beleza."

Albert Einstein

Isabel C. Franchon

Coach e consultora em treinamentos corporativos, ministra oficinas de desenvolvimento pessoal e profissional em organizações. Há mais de quinze anos dedica-se ao desenvolvimento integral pela Q3 atuando como facilitadora. Começando uma jornada como psicanalista. Formada em Comunicações Sociais – Jornalismo, com passagem em várias publicações; pós-graduada em Transdisciplinaridade em Liderança, Educação e Saúde pela Universidade Internacional da Paz; MBA em Desenvolvimento Humano de Gestores pela FGV; especialista em Marketing Pleno pela MM School. Trabalha com consultoria em planejamento, comunicação e gerenciamento de mudança. Certificada em Master, Executive e Leader Coach pelo Behavioral Coaching Institute; Presence Coaching com Robert Dilts e Richard Moss; Metodologia Quemp para Empreendedores (Clinton Education); Compliance Anticorrupção (Legal, Ethics, Compliance). Membro do GEC - CRA-SP.

Contato:
belfranchon@gmail.com

Referências:
https://www.linkedin.com/in/isabelfranchon/
https://www.facebook.com/isabelfranchon/

As muitas abordagens do coaching em grupo – ou de grupo – discutidas ao longo deste livro nos levam a uma reflexão: por que o trabalho em grupo se mostra tão importante, ainda mais na atualidade? O que nos motiva, como coaches, a reunir pessoas com histórias tão diferentes, às vezes com visões de mundo contrárias, nem sempre com o mesmo objetivo? A resposta parece estar na compreensão de que os indivíduos não existem isoladamente, mas sim como partes de sistemas mais amplos. Ao reconhecer essa dinâmica, o coaching em grupo tem como proposta criar um ambiente que não só potencialize as habilidades e competências individuais, mas também promova a coesão grupal, a criatividade, a empatia e um senso compartilhado de propósito.

Nessa perspectiva, todas as teorias, ferramentas e vivências apresentadas integram-se para servir ao coach que aceita o desafio.

Sejam grupos ou times, todos aprendem da mesma maneira, e os conceitos da Andragogia atendem a esse propósito; as relações são sensíveis e há a necessidade de buscar a inclusão de cada um, trabalhando o controle e o afeto; a sombra individual vem junto e não poucas vezes há a necessidade de se servir do Psicodrama para trazer conteúdos inconscientes. Como pano de fundo, a responsabilidade do coach, como facilitador na visão de Carl Rogers, de conduzir cada membro do grupo para o desenvolvimento. Mais ainda se estiver trabalhando com professores/educadores, inspiradores do conhecimento.

Ao contrário do que muitos pensam, um processo de coaching não está sedimentado apenas no uso de ferramentas específicas. É, sim, um processo que se utiliza de conhecimentos de várias disciplinas, como a psicologia, filosofia, administração, programação neurolinguística, entre outras, não só para que um objetivo seja alcançado, mas principalmente para aumentar a autoconsciência de modo a superar obstáculos, melhorar as relações e a qualidade de vida.

Mais importante que tudo é a visão do coach: quanto mais conhecimentos e vivência ele tiver, mais poderoso se torna o processo.

Se isso é importante no coaching individual, é ainda mais no coaching de grupo (ou em grupo), em que o coach precisa, além de tudo, lidar com as interações humanas e extrair o máximo delas.

Há muitos caminhos para esse trabalho, e cada coach tem seu estilo, mas o que pode ser observado na experiência conjunta é que uma visão expandida do coach engloba várias abordagens que levam a um resultado relevante individual e coletivamente. Isso acontece quando ele consegue olhar para o grupo de maneira sistêmica, holística, integral.

Abordagens integral, holística e sistêmica não são, em absoluto, sinônimos. Elas compartilham a ideia de considerar um sistema como um todo integrado, diferem nos enfoques e ênfases, mas visam a um fim comum: buscam integrar o desenvolvimento do indivíduo (ou da unidade) com a dinâmica do grupo, a cultura e a influência do contexto mais amplo, focando no crescimento sustentável de cada componente, aliado ao bem-estar de todos os envolvidos, com resultados mensuráveis em todo o sistema.

Múltiplas visões

Para compreender as visões holística e integral, é preciso pensar de maneira sistêmica. E o que é o sistema senão um conjunto de elementos interconectados e interdependentes que trabalham juntos em busca de uma finalidade comum? A visão sistêmica vai além da análise das partes isoladas para entender os padrões, dinâmicas e processos que ocorrem na interação entre essas partes.

Para Ludwig von Bertalanffy, pioneiro na formulação da Teoria Geral dos Sistemas, as partes são independentes, mas os sistemas possuem atributos e características únicas que não se encontram em suas partes.

A primeira característica diz respeito ao propósito: a finalidade buscada pelo sistema não pode ser satisfeita isoladamente pelas partes. A segunda refere-se à totalidade, ou seja, se os sistemas são organismos, as alterações sofridas por cada parte terão consequências em todas.

Na Teoria Geral dos Sistemas não importa a natureza do sistema – podem ser físicos, biológicos, sociais –; há princípios comuns a todos:

- As partes, ou elementos que o compõem, interagem com o ambiente em um constante fluxo de troca, influenciando-se mutuamente.
- Para compreender a complexidade do sistema, há necessidade de uma abordagem interdisciplinar.
- O estudo de partes isoladas não explica completamente o comportamento dos sistemas complexos.

- Há uma hierarquia nos subsistemas que compõem o sistema maior, onde sistemas menores fazem parte de maiores, aumentando a complexidade.
- Os sistemas têm a capacidade de se adaptarem e evoluírem em resposta a mudanças internas e externas.

Um exemplo simples e bastante utilizado é o corpo humano, formado por vários subsistemas com a mesma finalidade (digestivo, sanguíneo, respiratório etc.); composto por vários elementos que interagem e trocam o tempo todo se influenciando; estudado por várias disciplinas, onde cada parte não explica o todo. Bem mais complexo que isso, mas serve como um exemplo.

Ao olhar o coaching em grupo (de grupo) através de uma visão sistêmica, portanto, é possível entender a sua riqueza e os resultados que produz: cada elemento do grupo é complexo em sua unidade corpo-mente-espírito; a interação entre todos se processa por meio de feedbacks constantes que interferem no comportamento; cada unidade pertence a um ou mais sistemas menores que interagem entre si; e isoladamente nenhum explica completamente os comportamentos dos sistemas maiores – em uma imensa cadeia, com todos os sistemas menores afetando e sendo afetados pelos maiores.

Não é à toa que Peter Senge, especialista em aprendizado organizacional e autor de *A quinta disciplina*, coloca o pensamento sistêmico como a quinta disciplina em sua obra. "Porque é a pedra fundamental" na aprendizagem das organizações e é subjacente a todas as outras disciplinas – Domínio pessoal, Modelos mentais, Visão compartilhada e Aprendizagem em equipe.

O poder (transformador) do grupo

"O pensamento sistêmico é uma disciplina para ver o todo. É um quadro referencial para ver inter-relacionamentos em vez de eventos; para ver os padrões de mudança em vez de 'fotos instantâneas'. É um conjunto de princípios gerais – destilados ao longo do século XX, abrangendo campos tão diversos quanto as ciências físicas e sociais, a engenharia e a administração." Peter Senge

Aliás, o que é Aprendizagem em equipe, uma das cinco disciplinas de Senge?

"A disciplina da aprendizagem em equipe envolve o domínio das práticas de diálogo e de discussão, as duas formas distintas de conversação... No diálogo há a exploração livre e criativa de assuntos complexos e sutis, uma profunda atenção ao que os outros estão dizendo e a suspensão do ponto de vista pessoal. Na discussão, por outro lado, diferentes visões são apresentadas e defendidas, e existe uma busca da melhor visão que sustente as decisões que precisem ser tomadas." Senge

Essa é a grande possibilidade do coaching em grupo (de grupo): poder ver o mundo e os fatos sob nova ótica, retirar-se do lugar que ocupa para assumir o lugar do outro ou uma visão mais expandida. Com uma abordagem holística e integral, essa possibilidade aumenta porque trabalha conjuntamente as diversas áreas da vida.

O Holismo, como é conhecido hoje, vem justamente dessa visão sistêmica.

Considerada por muitos como apenas um modismo esotérico, a visão holística não é, como diz Pierre Weil, "uma mistura, um coquetel de várias disciplinas, como, por exemplo, de hinduísmo e física quântica". É o encontro das Ciências, das Tradições e da Espiritualidade integrando-se na observação de um mesmo fenômeno, seja ele pessoal, relacional ou social.

A palavra holismo tem origem no grego "Holos" e pode ser traduzida como O Todo, Inteiro, Completo. No século VI a.c. o filosofo Heráclito de Éfeso já dizia que "a parte é diferente do todo, mas também é o mesmo que o todo. A essência é o todo e a parte".

O conceito foi usado pela primeira vez na modernidade pelo filósofo e estadista sul-africano Jan Christian Smuts, em 1926. Em seu livro *Holismo e evolução*, Smuts desenvolve a teoria e afirma que o sistema (ou conjunto) não é apenas a soma de suas partes, já que o todo e suas partes são, afinal de contas, uma unidade – há um princípio organizador de totalidade.

Na opinião de Smuts, a ciência e a filosofia só alcançariam o progresso se uma interlocução entre ambas fosse possível – e sua obra não era de uma nem de outra, mas sim a aproximação entre ambas.

Criticando o modelo científico dominante, ele considera que a Teoria da Relatividade Geral de Einstein representa uma grande revolução do pensamento, e usa os conceitos de tempo-espaço, objetividade-subjetividade, matéria-energia, para a compreensão do Holismo – uma tendência sintética do universo em evoluir por meio da formação de todos. Embora sua teoria vá muito além desse conceito, isso nos basta por enquanto para situar a visão holística:

"Todos são básicos para o caráter do universo, e o Holismo, como fator operacional na evolução dos todos, é o princípio decisivo." Smuts

Assim é a visão holística aplicada: considera a totalidade do ser humano em todas as suas partes e a interdependência que existe entre tudo e todos – nada está separado, segundo o holismo. Quando um cresce, todos crescem. A ação de cada um afeta o todo, e essa influência é recíproca. Nenhum ser humano alcança a autoconsciência se não entender que não é o único no universo, já que o processo de crescimento acontece quando se experencia a alteridade na convivência com os outros, integrando-se a tudo que existe.

A visão evoluiu e hoje o paradigma holístico está presente na medicina, na administração, na gestão, na educação, na filosofia e, claro, no desenvolvimento pessoal e profissional, através do exercício da multidisciplinaridade e da transdisciplinaridade.

Sob uma perspectiva holística, o coaching em grupo considera, além das metas e desafios individuais e grupais, a interconexão entre os membros e a influência do ambiente.

Ao entender que o desenvolvimento de cada membro impacta o bem-estar e o desempenho de todos – o princípio do holismo –, dá especial atenção à dinâmica do grupo, aos valores compartilhados, à cultura organizacional, às relações interpessoais, ao ambiente de aprendizado e ao contexto em que ocorre o processo.

Seja em ambientes organizacionais ou não, o coaching em grupo (de grupos) é uma ferramenta poderosa para promover o desenvolvimento de um conjunto de pessoas explorando interações colaborativas para atingir objetivos similares ou comuns.

Sob uma perspectiva holística, transcende as fronteiras convencionais e busca promover um crescimento sustentável, significativo e motivador, não apenas no nível individual, mas como parte de um todo interconectado.

"Uma visão integral procura levar em conta a matéria, o corpo, a mente, a alma e o espírito, assim como aparecem no ser, na cultura, na natureza. É uma visão que procura ser abrangente, equilibrada e completa." Ken Wilber

Ao somar a visão integral à abordagem holística, o trabalho do coaching em grupos (de grupos) pode expandir-se ainda mais, pois fornece um mapa não só dos vários elementos que compõem o modo de ver o mundo e os fatos de cada pessoa, mas também dos elementos que estão presentes em suas ações e reações.

Um dos principais teóricos da visão integral, Ken Wilber propõe incorporar várias disciplinas, perspectivas e dimensões do conhecimento para compreender a realidade. Para ele, a visão integral considera não apenas aspectos individuais, mas também dimensões coletivas, espirituais e culturais.

Aplicada em vários contextos, do pessoal ao empresarial, a visão integral implica olhar para além de uma única perspectiva ou dimensão e considera as muitas facetas para uma compreensão abrangente. Para a aplicação prática da abordagem, ele se serve de um Mapa Integral composto por cinco elementos: quadrantes, níveis, linhas, estados e tipos.

Os *quadrantes* exploram as perspectivas de abordagem pelas quais qualquer fenômeno pode ser visto e analisado, seja do ponto de vista individual ou coletivo. Desse modo é possível olhar para o mundo através das (1) experiências subjetivas internas, pensamentos, emoções, estados de consciência (Interior Individual), (2) ou de maneira objetiva a partir do comportamento externo, ações e reações físicas (Exterior Individual), (3) ou ainda através dos aspectos culturais, sociais, valores e significados da experiência subjetiva

O poder (transformador) do grupo

coletiva (Interior Coletivo), (4) ou considerando as estruturas sociais, organizações, tecnologias (Exterior Coletivo).

"Quanto mais aspectos do nosso ser exercitarmos simultaneamente, mais provável será a nossa transformação." Ken Wilber

Para Wilber a supremacia de qualquer aspecto leva à visão absolutista e é esse exercício que pode ser feito no coaching de grupo (em grupo): desenvolver uma permeabilidade na visão do mundo, aceitando as diferenças, e uma visão integral de si mesmo, do outro, da natureza, da sociedade para alcançar uma compreensão mais completa na base do desenvolvimento humano.

Os outros quatro elementos do Mapa Integral são mais simples e podem auxiliar o coach no entendimento das diferenças individuais dentro do grupo.

Os *níveis* consideram que cada ser humano se encontra em um estágio de desenvolvimento que leva a uma compreensão única do mundo.

As *linhas* consideram as diferenças individuais nas várias inteligências múltiplas.

Os *estados* se referem aos níveis de consciência, incluindo estados meditativos, de consciência alterada e experiências de pico.

E, finalmente, os *tipos* referem-se ao modo de ser de cada um.

Na teoria parece algo difícil de se aplicar, ainda mais em trabalhos com grupo. No entanto, ao lado da abordagem holística, abre espaço para um trabalho real e profundo em que o conhecimento do coach pode ser um diferencial.

As bases

Criar um ambiente seguro para a expressão individual, que promova o aprendizado e o desenvolvimento de um pensamento holístico, integral, sistêmico, com mudanças realistas – não só no equilíbrio e bem-estar individual, mas com impacto das ações do grupo no meio ambiente e na sociedade –, pede atenção em alguns pontos importantes, como dissemos antes: a dinâmica do grupo, a cultura organizacional, as relações interpessoais, os valores compartilhados e a criação de um ambiente de aprendizado.

Dinâmica do grupo

Os grupos funcionam como sistemas dinâmicos, em que a constante interconexão, as interações e as ações individuais reverberam nas dinâmicas coletivas, influenciando o processo de desenvolvimento: são os padrões comportamentais e as relações interpessoais que moldam o coletivo.

Cabe ao coach compreender essas dinâmicas para orientar o processo do grupo, de modo que não apenas os objetivos individuais sejam considerados, mas também o modo como esses objetivos se cruzam para criar uma narrativa compartilhada.

Cultura organizacional

Entender que a cultura organizacional é essencial na compreensão das dinâmicas dos grupos é papel do coach para o desenho do processo. Assim como cada colaborador impacta o sucesso ou fracasso da empresa, também esta, com suas normas, crenças e valores compartilhados, impacta o desenvolvimento holístico-integral de cada membro.

O processo será tanto mais eficaz quanto maior for o apoio e as crenças compartilhadas entre organização e colaborador. As empresas que valorizam a diversidade e a inclusão aceitam e integram a abordagem holística, que reconhece e respeita a singularidade de cada um.

Flexibilidade e inovação nas empresas são características essenciais para a abordagem holística, que muitas vezes trabalha com métodos não tradicionais. Essas organizações estão sempre atentas ao bem-estar dos funcionários e dão suporte ao seu desenvolvimento, criando um ambiente de apoio e de aprendizagem contínua.

Relações interpessoais

As relações interpessoais têm um papel decisivo no coaching em grupo, determinando seu sucesso ou fracasso, já que a dinâmica grupal está diretamente relacionada com a maneira como as conexões se desenvolvem, baseadas ou não na confiança, na abertura e na capacidade de se expressar, ouvir e trocar ideias construtivas.

Não apenas a motivação de cada um é afetada pelas relações, mas também a criação de um ambiente positivo para o aprendizado. Habilidades como empatia, colaboração, comunicação eficaz, escuta ativa e assertividade podem ser aprimoradas no contexto do grupo em que a segurança psicológica é fortalecida.

Conflitos não são incomuns em grupos, mas a maneira como são gerenciados e resolvidos pode afetar o ambiente e a eficácia do coaching: a abordagem holística dispõe de ferramentas da Transpessoal para lidar com eles.

Valores compartilhados

Os valores estão na base do alinhamento que promove a criação de uma cultura de grupo. Quando os membros têm valores semelhantes, todos contribuem para a criação de uma cultura de grupo, em que há coerência, alinhamento e confiança. Nesse ambiente, a comunicação fica mais fácil, porque todos sentem segurança psicológica para se expressarem; o respeito pelas diferenças enriquece a diversidade e a dinâmica do grupo, e a cooperação cria um trabalho conjunto em direção às metas comuns ou individuais, pois há uma comunidade de apoio.

Mais que isso, valores compartilhados fortalecem a identidade do grupo ao promover um senso de pertencimento, e a aprendizagem coletiva se torna muito mais efetiva quando cada membro percebe que contribui para a construção de algo significativo, alinhado com seus valores.

Ocorre então um processo curioso: todos aprendem e ensinam compartilhando experiências, recursos e conhecimentos.

Ambiente de aprendizado

Um ambiente favorável precisa existir para que o processo de coaching com abordagem holística aconteça, pois trata de transformações não apenas no comportamento, mas também nas perspectivas e forma de pensar.

Exercícios reflexivos, abertura ao compartilhamento, incentivo à diversidade de perspectivas, estímulo à autenticidade, apoio à expressão emocional, adaptação a mudanças e criação de uma comunidade de aprendizagem são as bases necessárias para suportar a mudança em um processo com abordagem integral/holística.

Quando o grupo alcança um alinhamento mais sólido, o foco de todos passa a ser na melhoria contínua.

No processo aplicado a um grupo organizacional, a integração deve ser ampliada através de políticas e práticas de Recursos Humanos na atenção ao bem-estar dos funcionários e, na medida do possível, com o exemplo das lideranças – se estas não aceitarem a abordagem holística/integral, o envolvimento do grupo será fragilizado.

E na prática?

O coaching com abordagem holística/integral segue a metodologia e usa as mesmas ferramentas que qualquer outra abordagem. O que muda é a visão na condução do processo: o coach deve estar familiarizado com os conceitos, filosofia e práticas holísticas, compartilhando a visão, valores e crenças.

Paralelamente ao trabalho para o alcance de metas, realização de objetivos e desenvolvimento de habilidades pessoais e profissionais, o coaching com abordagem holística/integral vai além ao conduzir para o despertar da consciência pessoal, social, ecológica e planetária.

Pierre Weil tem um trabalho bastante consistente que leva a esse desenvolvimento, através do que ele chama de sete artes em seu livro *A arte de viver a vida*: Consciência, Paz, Plenitude, Harmonia, Conflito, Natureza e Passagem.

A partir da visão fragmentada do ser humano, da sociedade e da natureza, ele cria o que chama de Roda da Destruição e desenvolve todo um trabalho para chegar à Roda da Paz, através de dinâmicas de grupo, exercícios e reflexões, perfeitamente adaptáveis ao coaching em grupo (de grupo).

O objetivo é alcançar a consciência e o desenvolvimento holístico, integrando o que chama de três ecologias: a ecologia pessoal, que une corpo, emoções e mente; a ecologia social, que considera a vida econômica, política e cultural; e a ecologia ambiental, que engloba a vida, a matéria e a inteligência da natureza.

A pedagogia desenvolvida por Pierre Weil busca o encontro com a autoconsciência do universo: pessoal, social e ambiental.

Em um outro nível, Ken Wilber desenvolve o que chama de Sistema Operacional Integral aplicado à medicina, às empresas, à ecologia, à espiritualidade, ao corpo e à mente.

Jornada para o Autoconhecimento

De 2013 a 2015 trabalhamos com vários grupos em uma *Jornada para o Autoconhecimento*. Os integrantes não eram próximos, não tinham a mesma formação nem trabalhavam juntos. O objetivo que compartilhavam era extremamente pessoal, voltado para a exploração interna de suas crenças, motivadores, forças, dificuldades, valores: uma viagem para a autodescoberta.

Cada grupo tinha, no máximo, dez pessoas. A dinâmica do trabalho integrava sessões de coaching e de mentoring na sequência, semanalmente, com duração média de 2h30, em um total de quinze sessões.

Antes do início do processo, havia um encontro informal dos participantes, exploratório e de integração, dando a todos a oportunidade de se conhecerem, oferecendo ao coach e ao mentor uma visão de como as dinâmicas do grupo tendiam a se desenvolver, de modo a serem manejadas com mais assertividade.

O processo começava com cada membro do grupo compartilhando suas expectativas e objetivos – comuns e individuais –, além das discussões sobre o funcionamento: regras, compromisso ético, confidencialidade, comprometimento, responsabilidades. As métricas e indicadores de sucesso para avaliar o impacto do trabalho no grupo também eram acordadas.

Além dos temas básicos necessários ao desenvolvimento do processo de autoconhecimento, na mentoria, os assuntos eram sugeridos pelos membros do grupo e discutidos com a participação ativa de todos. Buscava-se promover um ambiente de incentivo a perguntas, discussões e compartilhamento de experiências. Em cada assunto, tínhamos múltiplas visões.

As ferramentas de coaching, com aplicação individual, eram compartilhadas no grupo, gerando uma profunda troca exploratória sob diversas perspectivas. Por exemplo, no mapeamento de forças e desafios, cada participante criava seu mapa pessoal e trazia para o grupo, que discutia como suas forças poderiam ser aproveitadas para superar os desafios. Habilidades, capacidades e competências profissionais faziam parte da intensa troca que se desenrolava, e não raras vezes tivemos a oportunidade de conduzir trocas de aprendizados.

Muitas outras experiências coletivas – histórias compartilhadas, roda da empatia, a jornada do herói coletiva, mandala de valores, comunicação não violenta, resolução de conflitos, por exemplo – mostraram que, quando a oportunidade é criada, a colaboração, a aceitação da diversidade e o crescimento conjunto são possíveis.

Criar um ambiente seguro para a expressão individual, aliado a práticas que integravam mente, corpo e espírito, emergiu como prática fundamental. Nesse contexto, tivemos a oportunidade de entender que a integração de práticas corporais, levando à conexão com o corpo, não só promovia um senso geral de bem-estar, mas contribuía para a conexão entre os membros dos grupos.

Ao final de cada grupo, a avaliação, através das métricas comparativas estabelecidas, indicava que o impacto do coaching em grupo holístico se desdobrava ao longo do tempo, considerando os resultados imediatos e o acompanhamento de médio prazo.

Não raras vezes essas avaliações incluíam impacto nos ambientes de trabalho, com os participantes interagindo como agentes de mudança. Eles próprios, inclusive, puderam avaliar o nível de crescimento individual através de um diário de desenvolvimento holístico criado no início do processo.

Esses grupos de coaching, no decorrer de quase três anos, mostraram que a abordagem holística se desdobra ao longo do tempo e se expande para os outros ambientes que cada membro frequenta, incluindo organizações, de maneira sustentável.

Os principais resultados medidos incluíam a criação de uma mentalidade de aprendizado contínuo, a manutenção do bem-estar, o desenvolvimento de habilidades, o fortalecimento das relações interpessoais e um maior interesse real pelos desafios que a humanidade enfrenta.

Conclusão

Se considerarmos o estágio de evolução em que a humanidade se encontra e os incontáveis – e graves – problemas que enfrentamos como civilização, o desenvolvimento do pensamento sistêmico-holístico-integral parece-nos um caminho a ser trilhado que pode nos levar a outro patamar.

Aplicar essa abordagem ao coaching de grupo (em grupo) é possível para expandir a consciência da necessidade de mudança para o maior número possível de pessoas. Da mudança depende nossa sobrevivência. E a mudança só acontece no nível pessoal, já que a consciência jamais será um processo de massas.

Glossário

Interdisciplinaridade: integração de diferentes disciplinas ou campos de conhecimento para abordar complexidades e desafios, buscando uma compreensão mais completa e holística de um determinado tema, fato ou problema.

Programação Neurolinguística (PNL): abordagem que explora a relação entre pensamentos, linguagem e comportamento, identificando padrões que definem determinadas atitudes. Com a PNL é possível compreender esses processos mentais e modificá-los para melhorar o desempenho pessoal.

Teoria Geral dos Sistemas (TGS): abordagem interdisciplinar que estuda e modela padrões e interações em sistemas complexos, destacando a interconexão e interdependência de componentes para compreender fenômenos e processos em diversas áreas do conhecimento.

Transdisciplinaridade: "diz respeito àquilo que está ao mesmo tempo entre as disciplinas, *através* das diferentes disciplinas e *além* de qualquer disciplina. Seu objetivo é a *compreensão do mundo presente*, para o qual um dos imperativos é a unidade do conhecimento" (Basarab Nicolescu).

Transpessoal: escola de pensamento da psicologia que aborda os aspectos humanos que transcendem o individual e o pessoal e explora outras experiências e dimensões da consciência que vão além dos limites convencionais. É estudada e aplicada não só na psicologia, mas em muitas outras disciplinas.

Bibliografia

BERTALANFFY, Ludwig von. *Teoria Geral dos Sistemas*. São Paulo: Ed Vozes, 2014.

CREMA, Roberto. *Introdução à visão holística*. São Paulo: Summus, 1989.

NICOLESCU, Basarab. *O manifesto da transdisciplinaridade*. São Paulo: Triom, 2005.

SENGE, Peter. A quinta disciplina. Rio de Janeiro: BestSeller, 2013.

SMUTS, Jan Christian. *Holism and Evolution*. Reino Unido: Ed. N&SPress, 1987.

WEIL, Pierre. *A arte de viver a vida*. Brasília: Letraviva Editorial, 2004.

WEIL, Pierre. *A mudança de sentido e o sentido da mudança*. Rio de Janeiro: Ed. Rosa dos Tempos, 2004.

WILBER, Ken. *A visão integral*. São Paulo: Ed. Pensamento-Cultrix, 2007.

Coaching em Grupo:
tecendo a teia em tempos complexos

Iniciamos esta obra com o intuito de contribuir tanto para pessoas e grupos como para organizações, no que se refere aos desafios de uma humanidade em tempos complexos. Refletimos ao longo dos capítulos sobre como as ações de desenvolvimento em grupo, fundamentadas teoricamente, sustentam com eficácia e sucesso o dinamismo do Coaching em Grupo.

Em pleno século vinte e um, as organizações se desafiam a garantir ambientes agradáveis, saudáveis e sustentáveis, para que as pessoas possam trabalhar com segurança psicológica e conforto em suas rotinas de processos e resultados, bem como em seus relacionamentos e carreira profissional.

Os grupos de trabalho enfrentam a diversidade e a inclusão, superando-se em suas interações e eventuais limitações culturais, sociais, políticas e econômicas.

E as pessoas, em sua individualidade e busca de evolução permanente e necessária em tempos de Inteligência Artificial, descobrem-se numa luta incessante para conciliar qualidade de vida com seus valores, missão e propósito.

Neste sentido, *O Poder Transformador do Grupo* converge para um processo contínuo, aprofundado, sério e competente, numa época de crises e realidades de aparência e do que "parece ser". Citando uma das frases mais famosas do sociólogo polonês Zygmunt Bauman, falecido em janeiro de 2017, aos 91 anos: "Vivemos em tempos líquidos. Nada foi feito para durar."

A nossa proposta é resgatar a máxima "Ser para Ter", com a força e a potência que emerge dos valores como Integridade, Respeito e Humanidade, assegurando-se verdadeiramente organizações sustentáveis, com impactos positivos no meio ambiente, nos aspectos sociais e em sua governança.

"Todo mundo é responsável e ninguém é culpado."

William Schutz

Trazemos nossas visões sobre o processo de Coaching em Grupo e afirmamos que, quando bem conduzido, este oferece um espaço para explorar a individualidade, conhecimento, ideias, competências e habilidades entre os membros que o constituem, buscando reconhecer a importância destas diferenças para uma boa estruturação do time ou grupo, compondo uma inteligência coletiva, que se torna mais poderosa do que única.

Ao estabelecer uma relação sensível com o grupo, o Coach facilita a potencialização da colaboração, promovendo inclusão, controle e afeto.

A integração dos variados sentimentos e a acolhida das diferenças se tornam ferramentas essenciais no processo, permitindo que a luz da compreensão e do crescimento ilumine o caminho para a transformação pessoal e coletiva.

"O sábio nunca diz tudo o que pensa, mas pensa tudo o que diz." Aristóteles

Aristóteles atribuiu ao ser humano a característica de sua espécie em ser gregário por natureza. Neste sentido evolutivo da espécie, o desenvolvimento da consciência humana transformou bandos em vida em grupos com interesses próprios, em busca de objetivos comuns. Assim, em linha com a natureza gregária do ser humano, a cultura de ajuda mútua incorporou-se de modo natural na vida dos grupos. Neste contexto histórico e que apenas parece distante, a moderna contribuição da atividade de Coaching vem a ser tão bem-vinda como apropriada. O Eu, Coach/Mentor, ajudando o meu próprio grupo, com expertise técnica e sabedoria plenamente aceitas por todos no ambiente da vida do grupo.

É impressionante como uma entidade – **O Grupo** – pode ser visto por inúmeros lados, sendo que há ainda muitos outros a percorrer, e que todas essas visões confluem para fatores que o grupo bem estruturado propicia e que acrescentam às habilidades e às capacidades do indivíduo. A espontaneidade flui e a criatividade se instala.

No campo dos afetos, o indivíduo reconhece que suas dúvidas não são só suas e começa a se reconhecer através do Outro, criando-se uma teia de suporte, que sustenta o grupo. Um bom líder dá espaço aos membros do grupo para que se reconheçam e comecem a tecer a teia. A partir daí, o campo se abre.

Estamos abertos a compartilhar nossa expertise e programas continuados em desenvolvimento humano e processos de Coaching e Mentoring para pessoas, grupos e organizações.

Se viermos a nos encontrar, será uma experiência enriquecedora!

Até breve.

Colaboração em parceria

Assim como o projeto deste livro foi realizado a muitas mãos e com a clareza de contribuir e expandir o tema de desenvolvimento de pessoas em grupo, por meio do coaching, temos a alegria e a honra de compartilhar alguns dos colegas atuais do GEC-CRASP que em colaboração nos apoiaram para a realização desta obra.

Angela Miranda
Administradora, conselheira e membro de comitês, mentora e coach, executiva de RH com carreira altruísta, escritora, coordenadora acadêmica e doutora em teologia. Coordenadora do GEC-CRA-SP 2024-2025.
"Gente que gosta de gente! Apaixonada por pessoas e processos, não vive sem café e aprecia um bom vinho!"
Contato:
angela@coachingeconsultoria.com.br
http://linkedin.com/in/ângelamirandarh-carreira

Dinor de Oliveira
Consultor, Mentor e Coach Executivo
"Expandindo Consciências - Potencializando Recursos- Transformando Realidades"
Contato:
dinor.d@gmail.com / 11 99360 3220 /
www.dinordeoliveira.com.br

Maria Aparecida de Almeida Santos
Coach, Mentora, Team Building, Team Coaching, Desenvolvimento de Lideranças
"Apaixonada em estimular conexões humanas para mudanças significativas."
Contato:
www.linkedin.com/in/mariaapasantos
https://quantumcriativo.com.br/
maria.aparecida@quantumcriativo.com.br

Rosana Franco Marinari
Advisory de negócios, Mentora, Trainer e Coach Empresarial.
"Trabalhamos para transformar pessoas em líderes empresariais excepcionais!"
Contato:
http://linkedin.com/in/rosana-franco-marinari
Rosana@praxisconsult.com.br / 11 981211269
https://1drv.ms/p/s!AnaH7lCtmNsohM0ffLcqcN3FdVvshA?e=AXXfCs